四大部署

習王超越常委制

作者／司馬靖 季達

目錄

第一章

習近平架空政治局常委

習近平在中共十八大上台後逐步集權,進入第二個任期後,通過修憲廢主席任期限制、要求政治局委員與常委述職、設立各種中央小組與委員會、加速培植「習家軍」等,架空政治局常委,將其「核心」地位實權化。

習近平通過四項舉措,對政治局委員權力進行節制,也進一步突顯了習近平作為政治核心的最高權威。(AFP)

第一節

習修憲廢主席任期限制

2018 年 3 月 11 日，中共人大會議通過修憲案。習近平帶頭表態，廢除國家主席任期限制。（AFP）

中共兩會上，習近平就修憲問題反守為攻，帶頭表態，廢除國家主席任期限制；全票當選國家主席、軍委主席，掌控黨政軍最高權力，開啟長期執政的可能性，也為下一場更激烈的權力鬥爭埋下了伏筆。

黨政軍三位一體 習展開第二任期

2018 年 3 月 17 日上午，中共全國人大會議選出新一屆國家領導人。出席大會共 2970 名代表，結果習近平先以 2970 票全票當選連任國家主席後，又全票當選連任國家軍委主席。

當大會執行主席、中組部長陳希宣布習當選時，全場掌聲熱爆，習近平兩度起身鞠躬致謝。

這一票選結果不但超越前任領導人胡錦濤、江澤民（江、胡

當選時多少都有反對票），且超越中共建政領袖毛澤東。1949 年
9 月，中共首次選國家主席，毛澤東有一票反對。

習近平此前在 2017 年 10 月 25 日召開的中共十九屆一中全會
上，被推舉連任中共總書記及中共中央軍委主席。

至此，習近平自 3 月 17 日起全面進入第二個任期，掌握了黨、
政、軍的最高實權，成為名實相符且大權獨攬的中國領導人。

之前一周，中共人大會議已高票通過修憲，其中包括廢除國
家主席的任期限制。這意味著習近平自 3 月 17 日開始，將有可能
長期執政。

兩會表決高票通過修憲

3 月 11 日下午，中共全國人大會議舉行第三次全體會議，以
不記名方式對《憲法》修正案草案進行表決；代表在寫票時，媒
體被清退出場。最後以 2958 票贊成、2 票反對、3 票棄權、1 票
無效，16 人缺席，通過《憲法》修正案。

此次中共修憲共修改 21 處，除了刪除國家主席「連續任職
不得超過兩屆」的限制外，並將「習思想」、監察委員會等內容
加入《憲法》。

當天，美聯社報導稱，中國的人大代表們 11 日通過了一個
歷史性的《憲法》修正案，刪除了國家主席任期的限制，這使得
中國國家主席習近平能夠「無限期地執政下去」。

路透社報導，習近平的國家主席職位固然重要，他同時擔任
的中共總書記與中央軍事委員會主席職位獲公認更為重要，這次
修憲案通過後，他擔任的這三項要職如今都沒有任期限制。

習近平入場方式「獨一無二」

中共兩會期間，習近平在開會前的入場畫面成為外界關注焦點。官媒畫面顯示，習近平獨自一人走向主席台，會場的全體人員均起立鼓掌歡迎，其他六名常委則被遠遠拋在後面。

這一畫面與 2 月 28 日中共十九屆三中全會開始時的場面類似。匿名學者向外媒披露，三中全會是習近平一個人先走進會場，全體起立為他鼓掌，他坐下後，等掌聲平息下來，李克強才帶著另外六個常委走進來，分坐在習的兩邊。

這一入場方式標誌著習近平在中共黨內的特殊地位。

習近平反守為攻 帶頭表態

自取消國家主席任期限制的消息出來後，外界普遍認為，這項修改是為習近平連任做準備。不過，同時也有不少聲音批評中共會走向終身集權。中共官方一度低調以對，還要媒體不突出報導。

但在 3 月 11 日就要表決修憲案前夕，輿論導向風向突變，取而代之的是主動宣傳表態。這股宣傳風，在 7 日晚間的央視《新聞聯播》裡，確定刮起。

3 月 7 日上午，習近平參加全國人大廣東省代表團審議，並在最後「重要講話」階段中，首先針對修憲案作出表態。

習近平說，他完全讚同《憲法》修正案草案；對中國現行《憲法》做部分修改，是中共「重大決策」和「重大舉措」。習近平還稱，《憲法》修正案草案在形成過程中「充分發揚了民主」，體現了「黨和人民」的共同意志。

習近平的這一談話,是他在中共推動修憲內容公開後,首度就此公開表態。但他並未提到任何關於國家主席任期的字眼。

習近平表態後,中共黨媒的宣傳機器便告啟動。8日晚間,央視《新聞聯播》播出陳希在出席全國人大青海團會議表態擁護延任等修憲內容,還特地開闢兩個時段,分別播出多名人大代表及普通群眾擁護修憲的發言。其中一名代表所言,正是贊成取消國家主席任期制。

習近平:「功成不必在我」

3月8日,習近平參加中共全國人大山東代表團審議,告誡官員「功成不必在我」,不是消極怠政不作為,而是既要做看得見、摸得著的實事,也要做為後人做鋪墊、利長遠的好事。

習近平要求官員不要計較個人功名,而是追求「經過歷史沉澱後真正的評價」。

中共新華社有關報導的標題是《習近平:「功成不必在我」意在打基礎、謀長遠》。隨後,多家黨媒對此報導解讀,大多將「功成不必在我」一詞置於顯著位置。

外界關注,在當局修憲刪除任期限制引發巨大爭議的背景下,習近平強調「功成不必在我」,或有回應爭議,否定「終身制」意味。

江派科痞何祚庥公開反對修憲

3月9日,沒有投票權的中科院院士何祚庥接受香港有線電

視訪問時稱，搞終身制最終只會身敗名裂。他以百年前袁世凱稱帝為例，反對刪除國家主席任期限制。

何祚庥稱，現時憲法中只限制國家主席任期而不限黨總書記，已為國家領導人的人選保留足夠彈性。

何祚庥還稱，他曾致電憲法修正案起草小組的一名成員，表達他反對修憲的看法。

現年 91 歲的中共科痞何祚庥是江派的馬仔，自詡為馬列理論專家，稱其研究工作是以馬克思恩格斯主義、列寧主義、毛澤東思想、鄧小平理論、「三個代表重要思想」為指導，曾撰文斷言量子力學的發展論證江澤民「三個代表」的理論是科技創新評價體系的根本性標準。

何祚庥 1951 至 1956 年就職於中共中宣部理論教育處，期間參加了中共發動的各種政治批判和政治運動，包括批判梁思成與中國古代建築、楊獻珍與「合二為一」理論等等。

此前，自稱反「偽科學」鬥士的何祚庥曾多次公開發表批判中醫和氣功的言論，遭到網民的炮轟、學術界的指責。

何祚庥據稱是中共江派前常委羅干的連襟，當年二人為了配合江澤民發動對法輪功的鎮壓，不斷挑起事端。當時，時任中共政法委書記羅干為了撈取「升遷」的政治資本，羅何兩人狼狽為奸，有預謀地發動了對上億法輪功學員的鎮壓運動。

何祚庥於 1999 年 4 月在天津發表誣衊法輪功的文章，與羅干一起挑起天津警察毆打並非法逮捕 45 名法輪功學員，從而引發震驚中外的萬人和平大上訪的「4‧25 事件」。

隨後，江澤民與羅干密謀，於 1999 年 6 月 10 日專門設立了類似文革小組、蓋世太保式的迫害法輪功的「610」非法組織。同

年 7 月 20 日，江澤民、羅干等發動了全國範圍的對法輪功的殘酷迫害。

修憲表決前夕，就在習近平連番表態之後，何祚庥跳出來反對刪除國家主席任期限制，顯示習江博弈仍很激烈。

江綿恆操控的鳳凰網社評被刪

與何祚庥反修憲類似，香港鳳凰網評論部 3 月 7 日刊登社評稱，國家治理能力現代化轉型的過程也是公權力不斷被羈束、公民權利不停被伸張的過程。與會代表們每一次投票，都要「對歷史負責、對人民負責、對國家負責」。

文章暗示對修憲投反對票。該文章隨後被刪除。

鳳凰衛視有「第二央視」之稱，與江澤民家族關係密切，其行政總裁劉長樂有中共軍方背景，其他高層幾乎都曾擔任過中共黨政官員。劉長樂曾多次為薄熙來、周永康站台，甚至一度前往重慶與薄熙來互動，關係密切。而江澤民長子江綿恆是鳳凰傳媒董事局的董事。

陸媒曾披露，2006 年中移動集團正式宣布收購鳳凰衛視 19.9％的股權，成為鳳凰衛視第二大股東；而擁有「中國電信大王」頭銜的江綿恆，一直被認為是中移動的幕後掌控人。

鳳凰衛視屢遭習當局整肅

2016 年 8 月鳳凰網旗下欄目因發文為江澤民慶生，被中央部門立刻去電「詢問」並下令刪除，涉事編輯也被開除。

2017 年 9 月，中共十九大前夕，鳳凰衛視突遭整肅，知名節目《鏗鏘三人行》被停播；被喊停的節目還有《時事辯論會》、點評國際新聞的《震海聽風錄》。

2018 年 1 月 12 日，蘇州大學發文公布，決定將與香港鳳凰衛視集團合建的「蘇州大學鳳凰傳媒學院」，更名為「蘇州大學傳媒學院」，同時撤銷「蘇州大學鳳凰傳媒學院管理委員會」，並在學院內部各組織進行相應更名。

圍繞修憲與長期執政 習江兩派博弈激烈

中共十八大，習近平在政變陰雲中上台，重用王岐山發動反腐運動，拿下數百名江派高官，與江派生死博弈勢同水火。習若依原定任期結束，下台後恐遭到利益集團的反撲。

習近平為了維持反腐高壓態勢，徹底粉碎江派反撲企圖，必須透過修憲，在「名正言順」的情況下繼續執政；否則第二任國家主席後期，恐難避免「跛腳」領導人的命運。

習近平帶頭表態「完全讚同修憲」，引領官方輿論。與此同時，江派科痞何祚庥公開反對修憲，鳳凰網暗示反對修憲的社評被刪，顯示圍繞修憲習江兩派博弈激烈。

習掌控黨、政、軍最高權力，展開第二任期，並通過修憲廢除國家主席任期，開啟長期執政的可能性，也為下一場更激烈的權力鬥爭埋下了伏筆。

第二節

政治局委員與常委向習述職

習近平在廢除中共「接班人」後，再用向「中央和總書記」書面述職的新要求架空政治局常委，進一步擴權。（AFP）

中共兩會剛一結束，所有政治局委員首次向習近平書面述職。另外，中央書記處、中紀委、全國人大常委會黨組、國務院黨組、全國政協黨組、最高法院黨組、最高檢察院黨組均需向習作工作報告。

習牢牢掌握中共最高層最有權力 20 餘人的一舉一動；建立「金字塔」權力模式，將其核心地位實權化。習要求政治局委員「忠誠」、「做政治上的明白人、老實人」；針對江澤民集團殘餘勢力的政變企圖，釋放警告信號。

政治局委員首向習書面述職

2018 年中共兩會結束後的第一天，3 月 21 日，中共新華社報導，近期中央政治局人員首次向中央和習近平書面述職。

　　新華社的報導沒有具體說明政治局委員書面述職何時提交，習近平何時審閱。但兩會期間議程密集，政治局委員的述職和習的審閱應該在兩會前已完成。官媒選在兩會後第一天公布，明顯意在突顯習的權威與核心地位。

　　述職報告主要涵蓋七個方面的內容。一是帶頭增強「四個意識」，堅定維護以習近平為核心的中共中央權威和集中統一領導。二是帶頭學習宣傳貫徹習近平新時代中國特色社會主義思想和十九大精神。三是帶頭落實重大問題請示報告制度。四是帶頭貫徹執行民主集中制。五是帶頭推動中央決策布署貫徹落實。六是帶頭開展調查研究、深入改進作風。七是帶頭廉潔自律。

　　習近平在審閱中央政治局委員述職報告時，除了提出總體要求，還分別進行了個性化點評。

　　政治局成員被要求「嚴格執行」請示報告有關規定，及時向習「請示重大問題、重要事項、重大工作」，要「忠誠」和「做政治上的明白人、老實人」。

　　中央政治局成員每年向中共中央和總書記書面述職一次，是中共十九大後才推出的新規，官方定性這是加強和維護習中央集中統一領導的一項重要制度安排。

　　在此之前，僅要求國務院等六大國家與黨務機關黨組向政治局常委會報告工作，而今次則擴展到政治局每個成員，述職對象改為中央總書記本人。

政治局常委需向習報告工作

　　十九大剛一閉幕，2017 年 10 月 27 日，新一屆政治局首次

開會，審議通過《關於加強和維護黨中央集中統一領導的若干規定》。

規定要求，中央政治局全體人員要牢固樹立「四個意識」，主動將重大問題報請中央研究，要堅持每年向黨中央和總書記書面述職；中央書記處、中紀委、全國人大常委會黨組、國務院黨組、全國政協黨組、最高法院黨組、最高檢察院黨組，每年向中央政治局常委會、中央政治局報告工作。

2015 年 1 月 16 日，中共中央政治局常委會全天開會，首次聽取全國人大常委會、國務院、全國政協、最高法院、最高檢察院五部門黨組工作匯報。2016 年 1 月 7 日，中央政治局常委會開會，首次聽取中央書記處工作報告。歷次會議，習近平都是以「中共中央總書記」身份主持。

與以往相比，這份文件中明確規定，中紀委也需要像其他六部門黨組一樣，向政治局常委會報告工作。

中共全國人大常委會、國務院、全國政協、中紀委、書記處這五大機構分別由現任政治局常委主掌。這就意味著，現任政治局常委同其他政治局委員一樣，除了需要向習作個人述職報告外，另外還要向習作部門工作報告。

1 月 15 日，官方報導稱，習近平當天主持召開政治局常委會議，聽取全國人大常委會、國務院、全國政協、最高法院、最高檢察院黨組工作匯報，聽取中央書記處工作報告等。

會議要求把維護習中央權威和集中統一領導作為最高政治原則和根本政治規矩來執行。會議強調，七大機關黨組要增強「四個意識」，自覺同以習近平為核心的黨中央保持高度一致，堅持正確的政治立場，確保令行禁止、政令暢通等。

習建立「金字塔」權力模式 核心地位實權化

習近平新推出的述職規定，並不是無中生有，在中共歷史上早就有類似規定。1948 年，毛澤東為了打擊山頭主義，要求在全黨各級組織中建立請示報告制度。毛澤東強令各中央分局，由書記負責，每兩個月向中央和中央主席作一次綜合報告，並特別強調報告要自己動手，不要由祕書代勞。從某種意義上說，政治局委員述職新規，是脫胎於當年的請示報告制度。

當時中共根據地分散在全國各地，山高皇帝遠，很多分局書記在自己地盤內自把自為，割據一方，但遭到毛澤東強力整肅。這一幕同樣也發生在胡溫時代，由於胡錦濤的權威不彰，政治局常委們各行其是，政治局委員更是群龍無首，中央層面形同一盤散沙，以致周永康、令計劃、孫政才這樣的野心家差點得逞。

十九大後，習近平通過政治局委員述職與政治局常委工作報告制度，將牢牢掌握中共最高層最有權力的 20 餘人的一舉一動；將最高層權力統一於總書記一人，如此一來習近平的核心地位就變得實實在在了。

中共智囊胡鞍鋼曾出專著稱，中共中央政治局常委工作機制為「集體總統制」，即俗稱的「九龍治水」，形成常委各管一攤的權力格局。這條中南海裡新立的「政治規矩」，將名義上平等、相互制約的國家機構關係，改變為向總書記「匯報聽旨」模式。中共總書記與國務院、人大、政協等負責人並不是平等制約關係，而是領導與被領導的隸屬關係。今後中南海的「集中統一領導」制度，注定形成以習近平為最高權力頂點的「金字塔」權力模式，由習近平一人買單的局面，並由此導致「四人幫」覆滅後形成的

中南海「集體領導制」，在習近平面前轟然倒塌。

中南海惡鬥未止 習一再要求「忠誠」

在中共十九大之後，儘管習的權威空前，但無論在 2017 年 10 月 26 日的十九大後首次軍方會議，還是 2017 年底前中共政治局召開的所謂黨內民主生活會上，習近平都特別提出以「忠誠」為首的多項要求。

中共十九屆三中全會及兩會前夕，中共中央直屬機關工委期刊《中直黨建》2 月號，刊出習近平的新一任「大內總管」、中共政治局委員、中辦主任丁薛祥 1 月 26 日在中直機關會議的講話。

丁薛祥說，中共十八大以來，在高級官員腐敗問題中，幾乎無一例外地查到有政治問題，拉票賄選、拉幫結派，「有的甚至想要篡黨奪權」。

他說，這是長期政治生態惡化的結果，因此今天要強調講政治，而這「是付出沉重代價得來的」。

中共十九大上，中紀委向 2000 多名代表做報告時，點名批周永康、孫政才、令計劃等落馬「大老虎」，「政治野心膨脹，搞陰謀活動」，當局及時「剷除了這些野心家、陰謀家，消除重大政治隱患」。

十九大召開期間，2017 年 10 月 19 日，證監會主席劉士余在中共中央金融系統代表團發言時，公開批周永康、薄熙來、孫政才、令計劃、徐才厚、郭伯雄、孫政才等人位高權重，既巨貪又巨腐，又「陰謀篡黨奪權」，案件「令人不寒而慄、怵目驚

心」等。

之前的 7 月 24 日，時任政治局委員孫政才突然落馬。孫落馬兩天後，7 月 26 日至 27 日，習近平當局罕見在保密程度最高的京西賓館召開省部級高層祕密會議，有 300 多人參加，與會人員只許聽、不許記筆記。7 月 30 日，習近平一人檢閱了在內蒙古朱日和訓練基地舉行的大閱兵。

外界猜測，中共 7 月下旬這短短幾天的時間內的三個異動，應該是習近平剛剛粉碎了一場未遂政變，或者正在彈壓一場預謀中的政變。

江澤民與曾慶紅是政變主謀

中共前黨魁江澤民 1999 年 7 月發動對上億修煉「真、善、忍」的法輪功群眾團體鎮壓，在「打死算白死」、「打死算自殺」的滅絕政策下，大量法輪功學員被迫害致死，甚至發生器官被活體摘取販賣牟利的驚天罪惡。

江澤民、前國家副主席曾慶紅、前政法委書記羅干等最初發動鎮壓的元凶，在世界各地被以「反人類罪」、「群體滅絕罪」、「酷刑罪」等起訴。為逃避清算，江派密謀讓迫害法輪功的「積極分子」薄熙來、周永康奪取中共最高權力。

政變計畫分兩步，首先江派人馬聯合把薄熙來推入政治局常委並接任周永康的政法委書記；待時機成熟後，薄熙來利用自己控制的公安及聯合軍方江派人馬，廢掉將在中共十八大接班掌權的習近平。

江系人馬為此蓄謀已久。但是因為王立軍出逃美領館而全盤

崩潰。

　　江澤民、曾慶紅是政變的策劃與主導者，而薄熙來、周永康等則是政變的實施者。

　　薄熙來是紅二代，靠投靠江澤民——包括在大連為江澤民塑像，積極鎮壓法輪功，也是活摘器官的主謀之一，在大連興建屍體工廠等——以此取得江的信任，而進入政治局委員。

　　周永康被稱為「維穩沙皇」，為人心狠手辣。雖周家三代出身農民，但他能迅速上位，同樣靠配合江澤民鎮壓法輪功政策，被江澤民隔代指定在十七大接替前任政法委書記羅干。

　　周永康憑藉有「第二權力中央」之稱的政法委，聯合前軍委副主席郭伯雄、徐才厚為首的江系軍中勢力，負責具體實施政變計畫。薄熙來、周永康政變圈涉網路監聽掌握情報，軍隊支援、經濟提供，收買海內外媒體宣傳的配合、人事布局等全方位運作。

　　涉政變人物不但包括中共十八大以來紛紛落馬的眾多江派背景的副部級以上高官，還包括一些新舊江派背景的政治局常委。包括政變元兇江、曾在內，還有高層政變人物尚未落網。

　　習陣營親信人物敏感時刻接連發聲，公開江派「陰謀篡黨奪權」；習近平要求政治局委員與常委「忠誠」，維權中央權威等，警告江派殘餘勢力的同時，也折射中共高層政局仍暗潮洶湧。

第三節

「小組治國」架空常委會

習近平十八大上台後，為了打破江澤民有意安排的「九龍治水」亂局與「政令不出中南海」困境，組建了多個領導小組，相當程度上架空了政治局常委會的權力。習近平十九大後將多個「領導小組」升級為委員會，與美國白宮機構之間微妙對應，政治意味令人聯想。

習升級四個「領導小組」

2018 年 3 月 21 日，中共兩會後的第一天，習近平當局就發布了有關中共《黨和國家機構改革方案》，包括 20 項中共中央機構改革、3 項中共全國人大機構改革、23 項中共國務院機構改革等。

在 20 項中共中央機構改革中，其中第四項就是將中共中央

全面深化改革領導小組（深改小組）、中央網絡安全和信息化領導小組（網信小組）、中央財經領導小組（財經小組）、中央外事工作領導小組（外事小組）中的「領導小組」改為相應的「委員會」。

深改小組成立於 2013 年 12 月 30 日，是習近平當局上任一年後首次成立的小組，負責中共改革的總體設計、統籌協調等。習近平任組長，李克強任第一副組長，江派常委劉雲山與張高麗，分別任第二、第三副組長。

習近平第一屆任期內，多次放話說「改革的阻力很大」、「改革進入深水區」等。習近平上任後的軍隊改革等以及本次黨政機構改革，都是由習近平領銜的深改小組負責。

按照慣例，改名後的深改委員會應該由習近平任主任，李克強任第一副主任，接替劉雲山職務的王滬寧與接替張高麗職務的韓正可能分別任第二、第三副主任。

網信小組是 2014 年 2 月 27 日成立的，習近平任組長，李克強與劉雲山分別任第一、第二副組長。雖然江派常委劉雲山僅為第二副組長，但網信辦主任是由劉雲山的心腹、時任中宣部副部長魯煒擔任。

2017 年中共十九大後不到一個月，魯煒落馬，成為中共十九大後首名落馬的正部級高官。據信，魯煒執行江派劉雲山及劉奇葆的政策，同時劉雲山、魯煒還涉嫌參與要求習近平下台的公開信事件。

按照慣例，該小組改為網信委員會後，習近平任主任，李克強、王滬寧任副主任。

財經小組是中共政治局領導財經工作的議事協調機構，是中

共經濟的核心領導和決策部門。該小組於 1980 年成立，現任組長是習近平，副組長是李克強，習近平的「經濟智囊」劉鶴任辦公室主任。

外事小組是中共 1958 年就成立的機構，外事小組改為外事工作委員會後，按照前任的慣例，習近平將擔任主任，新任國家副主席王岐山將任副主任。

習新設「依法治國委員會」

在最新的機構改革方案中，習當局還公布組建「中央全面依法治國委員會」。習近平料出任委員會主任，國家副主席王岐山很可能出任副主任。

2017 年 10 月 18 日，習近平在中共十九大報告中，稱依法治國是治理國家的一場「革命」，必須厲行法治，深化司法體制綜合配套改革，全面落實司法責任制；並提出要成立「中央全面依法治國領導小組」，以加強對法治中國建設的統一領導，「任何組織和個人都不得有超越《憲法》法律的特權」。

作為中央層級的「依法治國領導小組」，其統屬、管轄對象，很可能囊括涉及司法、監管職能的機構，包括中共政法委、中紀委等黨務機構，以及最高法院、最高檢察院，乃至新成立的國家監察委等國家級別行政機構。

習密集設立「領導小組」

習近平十八大上任以來，除了身兼總書記、國家主席、軍委

主席這三大最高權位，為了打破江澤民有意安排的寡頭分治的政治局常委會格局，還不斷增設各類小組、委員會，包括：中央全面深化改革領導小組、中央外事國家安全工作領導小組、中央對台工作領導小組、中央國家安全委員會、中央網絡安全和信息化小組、中央軍委深化國防和軍隊改革領導小組、中央軍委聯合作戰指揮中心、中央財經領導小組、軍民融合發展委員會等。

習近平自己兼任組長、主任、主席、總指揮等等，目前身上最少有 12 個不同頭銜，幾乎將其他政治局常委的權力全數收歸自己手中。在中央的國家機關層級，不同小組長期透過深改、財經、國安等黨務分工，將政府的關鍵領域（財經、發改、公安、外事等）抽離重組，歸建黨務系統，無形限縮部門的決策與自主權限。

習近平的「小組治國」有來自政治上的龐大壓力，也是希望發揮政策績效。長久以來，中共黨與政府出現嚴重貪腐現象，政府機關各自為政，將官僚體制的因循苟且發揮得淋漓盡致，「政令不出中南海」成為頑疾。

在習近平「小組治國」架構中，將其他六名常委分配到不同的小組任副組長，發揮領導管控的實效，最後向小組長也是總書記的習近平匯報與負責；對於非政治局常委而能得到習信任的人物同樣有實權，習以小組組長身份仍舊掌控決策，王岐山與劉鶴等人將是這類代表。

習成立國安委 瓦解江派特務勢力

2013 年 11 月 12 日下午，中共十八屆三中全會閉幕，會議公告重點關注七項改革決定，其中一項設立「國家安全委員會」（以

下簡稱「國安委」）特別引發外界關注。2014 年 4 月 15 日，「國安委」召開了第一次會議。習近平在會議上稱，國家安全系統必須「集中統一」。

據報，習近平把公安、武警、司法、國家安全部、軍委總參二部三部、總政的聯絡部、外交部、外宣辦等部門，全部揉併在一起，成立一個大的「國安委」。「國安委」超越公安、國安等部門，成為一個極為特殊的機構。

2016 年 12 月 9 日，習近平主持召開政治局會議，審議通過《關於加強國家安全工作的意見》。習近平在會上強調統籌國內國際兩個大局，有效整合各方面力量，構建國家安全體系；意味著整頓、重建國安系統。習要求集中統一、高效權威的國家安全領導體制，意味著將國安系統的領導權力收歸己有，使國安委實權化。

2017 年 2 月 17 日，習近平主持召開國家安全工作座談會並發表講話。習強調要抓好政治安全、經濟安全、國土安全、社會安全、網路安全等各方面安全工作；遏制重特大事故的發生；要求地方大佬「守土有責、守土盡責」。

中共央視《新聞聯播》對此播出了五分多鐘，「國安委」成員首次出鏡。有 20 名中央高層到會，其中有 12 名中央政治局成員：習近平、李克強、張德江、王滬寧、劉奇葆、孫政才、范長龍、孟建柱、胡春華、栗戰書、郭金龍、韓正；此外還有 8 名中央和軍委高層，分別是楊晶、郭聲琨、房峰輝、張陽、楊潔篪、周小川、趙克石、張又俠。三名常委中，習近平是國安委主席，李克強、張德江是副主席。

20 名高層中，有 4 名兼任政治局委員的省市一把手——孫政才、胡春華、郭金龍、韓正。從中央層面看，就有 16 名高層與國

家安全工作密切相關。除了政治局常委,其他的分別在政策研究、宣傳、政法、書記處、國辦、外交、央行、軍委等領域任職。

2013 年 11 月,習當局成立國家安全委員會。2014 年 4 月 15 日,《新聞聯播》播出國安委首次會議,出現在電視螢幕上的只有文字,沒有畫面。國安委成立後,具體人員組成及操作模式鮮有報導。時隔近三年,2017 年 2 月 17 日國安委以座談會的形式高調出鏡,預示國安委的運作將實質性展開。這在兩個月前已有前兆。

在這之前,2016 年 11 月 7 日,陳文清接替耿惠昌出任中共國安部長。陳文清 2012 年 11 月起曾擔任中紀委書記王岐山的副手,任中紀委常委、副書記;2015 年 4 月轉任國安部黨委書記。

中共現行國安系統是在江澤民時代形成,除了國家安全部,還包括各種對外的特務間諜機構及對內的政法系統「維穩」機構。曾慶紅、周永康曾長期掌控國安系統,培植的特務遍布中共內部和海外。

江澤民、曾慶紅喪失黨政軍大權後,其所操控的國安特務系統成為反撲、攬局、發起另類政變的最後的關鍵勢力。過去幾年內相繼發生的天安門爆炸事件、昆明火車站砍殺血案、新疆系列暴恐事件等,背後均浮現江澤民集團攬局身影。

習近平成立「國安委」,召開高規格的國家安全工作座談會,以及國安部長換人等,表明習已對曾慶紅的國安特務系統展開全面清洗行動。

習通過「領導小組」強化軍權

值得注意的是，習近平設立的中央軍委深化國防和軍隊改革領導小組（簡稱中央軍委深改組）及中央軍委聯合作戰指揮部（簡稱軍委聯指）是直屬中央軍委的機構，分別負責國防改革、軍種和戰區聯合作戰的最高聯合作戰指揮等業務。由習親任「軍委深改組組長」與「軍委聯指總指揮」兩項職務，顯示其軍政和軍令大權集於一身。而過去中共負責作戰指揮最高領導人，實際上是中央軍委總參謀長。

此外，2017 年設立的中央軍民融合發展委員會也極為特殊，在機構設置上直接向中央政治局、常委負責（而非外界預期的中央軍委），未來負責推動經濟建設和國防建設的整合發展、軍工企業專業化重組、混合所有制改革等業務。

部分觀察認為，委員會設置目的是企圖化解當前中國大陸「大炮與黃油的矛盾」，「大炮」與「黃油」是經濟學中的假設。大炮代表軍費開支，黃油代表民用開支，理論上二者互斥。而中共拉高層級設立軍民融合發委會，突顯中國大陸「大炮與黃油的矛盾」已上升到國家戰略層次，所以才由習近平親自掛帥。

部分媒體更指出，這個安排暗藏玄機，中共的軍事工業複合體長期處於封閉環境，但部分資料顯示，目前中共 200 多個民用機場中軍民合用機場占近三分之一，而在武器裝備科研生產領域中，民營企業達到 1000 多家，這說明國防軍工體制軍轉民、公私混合制的體制模式已成常態，由此衍生的軍中腐敗問題未能有效解決。習親自主導有利於軍中反腐的推動，也有助安插親信全面掌控軍隊。

習「小組治國」與美國白宮權力架構微妙對應

美國新上任的總統每有「新政」的推動，但由於聯邦官僚政治無效率的陋習，每每使得政策的推動遲緩，因而總統會在體制外另起爐灶，設立「特別委員會」作為超越，發揮統一治理的效率。

比如，美國白宮現在設有白宮國家貿易委員會、經濟顧問委員會、美國國家安全委員會、國內政策委員會等，在美國總統領導下，參與國家最高決策。

習近平設立的「領導小組」與美國白宮的「特別委員會」微妙對應，有異曲同工之妙，只是其數量遠超白宮的「特別委員會」。

第四節

習家軍包圍政治局常委會

十九大前後，習家軍人馬集聚政治局，占據中央、地方關鍵職位，形成習近平的真實權力基礎，客觀上對政治局常委會形成架空效應。（Getty Images）

　　中共十八大以來，習近平、王岐山發動反腐行動，拿下大批江派高官的同時，加速提拔親信人馬。十九大前後，習家軍人馬集聚政治局，占據中央、地方關鍵職位，形成習近平的真實權力基礎，客觀上對政治局常委會形成夾擊、架空效應。

習王粉碎江澤民集團多個派系

　　習近平在第一個任期內，任命王岐山為中紀委書記，掀起「打虎」風暴，拿下逾 200 名省部級、軍級及以上的江派高官。

　　這些落馬高官涵蓋江澤民集團多個派系。如落馬的國級高官周永康是「政法幫」與「石油幫」的代表。落馬的「政法幫」高

官還有公安部副部長李東生、天津市公安局長武長順、河北政法委書記張越等人。落馬的「石油幫」官員包括中石油高管蔣潔敏、冉新權、王永春、李華林、王道富、廖永遠等人。

落馬的政協副主席、統戰部長令計劃可算是「祕書幫」與「山西幫」的代表。落馬的「祕書幫」高官還有郭永祥、李崇禧、冀文林等官員。落馬的「山西幫」官員還有令政策、申維辰、杜善學等人。

落馬的副國級高官、政協副主席蘇榮是「江西幫」與「吉林幫」的代表。「江西幫」落馬的還有莫建成、趙智勇、陳安眾、姚木根、許愛民、劉禮祖等人。而十九大前落馬的政治局委員孫政才是「吉林幫」另一名副國級「大老虎」。

江蘇是江澤民與周永康老家。十八大以來，眾多落馬的「江蘇幫」官員包括江澤民的「揚州管家」季建業、楊衛澤、仇和、李雲峰、趙少麟等多名省部級「老虎」。

遼寧省是薄熙來、李長春等江派高官的老巢，也是習、王十八大以來的重點清洗地帶。「遼寧幫」已落馬的省部級官員有前遼寧省委書記王珉、前省政法委書記蘇宏章，及省人大副主任王陽、鄭玉焯、李文科、李峰等人。

另外，江澤民老巢「上海幫」落馬的官員有上海副市長艾寶俊、前檢察長陳旭。

習家軍的六大派系

習近平在拿下大量江派高官的同時，重用在福建、浙江、上海等地任職時的舊部，以及清華系校友、老家陝北官員，建立了

「之江新軍」、「閩江新軍」、「新西北軍」、「軍工系」、「清華系」、「浦江新軍」等親信班底。

其中，「之江新軍」主要指上海書記李強、重慶市委陳敏爾等浙江出身的官員，還包括上海市長應勇、商務部長鍾山、遼寧省長唐一軍、江西書記劉奇、山西省長樓陽生、中央軍委辦公廳主任鍾紹軍等人。

「閩江新軍」則以福建官員為主，包括發改委主任何立峰、海南書記劉賜貴、中聯部長宋濤、公安部副部長兼北京市公安局長王小洪、駐港中聯辦主任王志民等。

此外，北京書記蔡奇和中宣部長黃坤明，是出身福建的浙江官員，兼具「之江」與「閩江」兩軍血統。

「新西北軍」主要是與習近平有同鄉之誼和家族淵源的陝甘官員，包括曾在陝西任過職的政治局常委栗戰書和廣東書記李希，還有軍委副主席張又俠、河北書記王東峰、黑龍江省長景俊海等。

「軍工系」是指十八大以來受習近平特別重用的一批航太軍工系統官員，包括廣東省長馬興瑞、天津市長張國清、遼寧書記陳求發、黑龍江書記張慶偉、湖南省長許達哲等人。

「清華系」主要是習近平的清華系校友，包括其清華同窗中組部長陳希、北京市長陳吉寧、陝西書記胡和平等人。

至於「浦江新軍」，乃是被習近平收編的上海官員。因習近平曾短暫做過上海書記，當時的部分上海下屬，後來也被習重用，包括中辦主任丁薛祥、國家監察委主任楊曉渡，和中宣部副部長、網信辦主任徐麟，以及雲南書記陳豪等。

習家軍主導政治局

2017 年 10 月 25 日中午，中共十九屆政治局常委亮相，官方隨後公布政治局委員 25 人名單，具有江派背景的十八屆政治局委員劉奇葆、張春賢、李源潮未到年齡提前出局。

外界公認屬習陣營的有 17 人：丁薛祥、習近平、劉鶴、許其亮、李希、李強、李克強、楊曉渡、汪洋、張又俠、陳希、陳全國、陳敏爾、胡春華、栗戰書、黃坤明、蔡奇。

具有江派色彩的有 8 人：王晨、王滬寧、孫春蘭、李鴻忠、楊潔篪、趙樂際、郭聲琨、韓正。其中，王滬寧、楊潔篪在習近平第一屆任期內，都被習近平重用，緊隨習參與國內與國際事務；李鴻忠露骨地阿諛奉承習近平，被認為是江派反水的典型。

可以說，十九屆政治局中，習陣營占絕對優勢，明面上的鐵桿江派僅有郭聲琨、韓正等寥寥數人。

習家軍拿下軍委

中共十九大與 2018 年兩會上，許其亮和張又俠先後當選為中共中央與國家軍委副主席，魏鳳和、李作成、苗華、張升民當選為軍委委員。

這六人中，許其亮是習近平十八大以來一直重用的軍中親信；張又俠的父親張宗遜與習仲勳關係密切，張又俠可算是習近平的太子黨盟友。其餘四名軍委委員都是習近平上台後親自提拔為上將的親信將領。

在拿下前軍委副主席郭伯雄、徐才厚、軍委委員房峰輝與張

陽的背景之下，十九大後，軍委要職全數被習家軍拿下，突顯習
近平對軍權的掌控。

習家軍遍布省級黨政一把手

按慣例，北京、上海、天津、重慶四直轄市，以及廣東省、
新疆自治區的黨委書記均由政治局委員兼任。

目前，北京市委書記蔡奇、市長陳吉寧、上海市委書記李強、
市長蔡勇、天津市長張國清、重慶市委書記陳敏爾、廣東省委書
記李希、省長馬興瑞、新疆書記陳全國幾乎都是習近平的舊部或
親信。

另外，十九大前後，地方省級人事大調整，截至 2018 年 4 月
初，31 省區市黨政一把手幾乎換了個遍。其中，河北省委書記王
東峰、山西省長樓陽生、遼寧書記陳求發、省長唐一軍、吉林省
長景俊海、黑龍江書記張慶偉、省長王文濤、江蘇書記婁勤儉、
浙江省長袁家軍、福建書記於偉國、省長唐登杰、江西書記劉奇、
山東書記劉家義、省長龔正、湖北書記蔣超良、湖南省長許達哲、
海南書記劉賜貴、四川省長尹力、貴州書記孫志剛、雲南書記陳
豪、西藏書記吳英杰、陝西書記胡和平、甘肅書記林鐸、甘肅省
長唐仁健、寧夏書記石泰峰，都是習家軍人馬。

習家軍卡位中央要職

在中央層面，習近平與王岐山舊部、政治局委員楊曉渡主掌
國家監察委；習近平的清華同窗政治局委員陳希兼任中組部長、

黨校校長、國家行政學院院長。中辦主任丁薛祥、副總理劉鶴、中宣部長黃坤明都是習近平的嫡系親信。

習近平的浙江舊部夏寶龍任全國政協副主席、祕書長；習的福建舊部何立峰任政協副主席、晉升副國級，繼續擔任國家發改委主任。全國人大祕書長楊振武仕途與習近平、趙樂際在河北有交集。中央書記處書記、統戰部長尤權，曾是溫家寶、李克強的國務院大祕。中紀委副書記、國家監察委副主任李書磊是習近平的黨校舊部。

公安部高層中，胡錦濤、習近平的親信趙克志與孟小洪分別任公安部長與常務副部長；副部長孟慶豐、許甘露，分別是習近平的浙江、福建舊部；中紀委駐公安部紀檢組組長鄧衛平也是習近平的福建舊部。

另外，在金融監管、外交系統等眾多部委中，習的親信人馬也已紛紛卡位。

結語

中共十八大上，習近平在政變暗殺陰雲中上台。經過大力清洗江派勢力，習一步步掌控黨政軍大權，確立核心地位。十九大及之後兩會上，習廢除中共接班人制度與國家主席任期限制，實質上架空中共黨內最高權力機構——政治局常委會。

習近平大權在握，將更有利於實行其執政理念。其核心地位將如何影響中共高層權力運行機制？習江博弈態勢將有怎樣的突破？習將把中國帶向何方？這些問題將是十九大之後，中國時局發展的重要看點。

第二章

習王體制箝制常委會

2018 年中共兩會上，前中紀委書記王岐山以普通黨員身份強勢回歸，出任國家副主席，實際權力僅次於習近平；標誌著「習王體制」開啟，這將箝制現有中共政治局常委會制度。

2018 年 3 月 17 日，習近平連任國家主席及軍委主席。王岐山破格出任國家副主席。（AFP）

第一節

王岐山兩會回歸
習江激烈博弈

王岐山強勢回歸，宣告江澤民集團離間習王關係的企圖破產；江派海內外勢力面臨新一輪清洗。（AFP

王岐山在中共十九大上全退後，其仕途去向一直是外界關注焦點，各派放風不斷，直到其在 2018 年兩會上回歸，出任國家副主席。王岐山回歸背後，習江兩派博弈激烈，江派對王岐山的圍攻從未停歇。

王岐山復出任國家副主席 「拍案叫絕」

2018 年 3 月 17 日，習近平以 2970 票「全票當選」，連任國家主席及軍委主席。當天，王岐山成功復出，以 2969 票當國家副主席，僅 1 票反對。

官方鏡頭顯示，主持人、中組部長陳希宣布王岐山當選國家

副主席後，王岐山在座位上站起向代表鞠躬致謝後，就離座走向習近平，二人握手交談。

尚未靠近時，王岐山和習近平二人臉上就堆滿了笑容。在握手前夕的瞬間，王岐山說了一句非常簡短的話。在握手讓記者拍照的時候，習近平對王岐山說了一句大約四個字的話，王岐山用大約兩個字回覆。

因為鏡頭距離兩人太遠，兩人身邊也沒有麥克風，所以網友開始了猜測，他們到底說了什麼？有網友推測，習近平一定是在問：「滿意了吧？」王岐山回答說：「滿意。」

隨後舉行了憲法宣誓儀式。當王岐山宣誓完畢，他右手放下時突然順勢敲擊了一下桌面，而且還發出「砰」的一聲，該動作立即引發外界的關注與熱議。

有人認為，見慣風浪的王岐山，深知中共黨內各種腐敗和醜惡，而他宣誓完，便順勢握權「拍案」，動作一氣呵成「乾淨俐落」，看似是自然反應，實則「寓意深長」。

有媒體引述中南海知情者表示，在宣誓結束後，王岐山確實微微鬆開了宣誓時捏緊的右拳，並且「下意識」地拍了一下擺放著新《憲法》的那張桌子後，才轉身離開宣誓席。「不過，王岐山的這一拍，絕非不滿那投給自己的 1 票反對票，因為他對中共選舉票結果的遊戲規則，早已心知肚明；王岐山的這一拍，其實是給一直畏罪潛逃和在海外苟延殘喘又極盡愚弄公眾之能事的海外爆料者一記重拳和一記響亮的耳光。」

3 月 11 日，中共人大會議高票通過修憲，其中包括廢除國家主席、副主席的任期限制。

這意味著習近平將有可能長期執政，而王岐山將以國家副主

席身份在未來五年乃至更長時間與習成為固定政治搭檔。

王岐山 1948 年出生，原籍山西，在他岳父、中共元老姚依林 1982 年進入中共中央書記處之時，被調入其轄下的農村政策研究室。1988 年開始，王岐山先後擔任人民銀行副行長、建設銀行行長，以及全國第一間中外合資投資銀行「中國國際金融有限公司」的董事長。

1997 年亞洲金融風暴，王岐山調至廣東擔任省委常委兼副省長，處理不良貸款問題，包括廣信破產案及粵海投資債務重組；之後他再到海南擔任省委書記，收拾房地產泡沫爆破。2003 年北京薩斯，王岐山接替孟學農擔任北京市委副書記兼代市長處理疫情。王岐山因此被稱為中國「救火隊長」。

王岐山復出有前兆

王岐山在中共十八大進入政治局常委會，擔任中紀委書記。在習近平第一個五年任期內，協助習掀起反腐風暴，打破「刑不上常委」的潛規則，拿下大批江澤民集團高官。

據統計，中共十八大以來，被公布查處官員中，黨內機構、國家機關與政協官員（副部級及以上）共 172 人，副軍級及以上軍官和武警警官共 64 人。其中更是包括兩名軍委副主席郭伯雄與徐才厚、一名原政治局常委周永康，以及一名現任政治局委員孫政才。

作為習近平的反腐大將，王岐山十九大前留任呼聲頗高，但遭到江澤民集團瘋狂圍攻。王岐山自卸任十八屆政治局常委等中共黨內職務起，有關其是否會以其他方式重返中共政治權力中樞

的輿論就未曾止息。十九大前後，王岐山將出任國家副主席並列席常委會的消息就不斷傳出。

2018年1月29日，王岐山被湖南省人大選為全國人大代表。而依往例，中共政治局常委都會兼任全國人大代表，但卸任後便不再兼任。

2月8日，王岐山與習近平、李克強、胡錦濤、汪洋等中共高層，一同出現在國學大師饒宗頤的悼念名單中。

2月13日，中共新華社根據慣例，刊發「中央領導同志看望老同志」名單。和2017年的看望「老同志」的名單相比，新面孔為十九大上卸任的政治局常委劉雲山、政治局委員孟建柱和郭金龍、中央書記處書記趙洪祝。

但這份名單中，並沒有已經卸任中共政治局常委，甚至不再是中共中央委員會成員的中紀委前書記王岐山。

王岐山復出財新出快訊 胡舒立闢政治謠言

1月29日，王岐山在湖南當選全國人大代表，預示其在政壇復出。當天，財新網迅速出快訊報導了這一消息。

德國之聲1月30日報導說，財新傳媒前總編輯胡舒立罕見地接受了美聯社採訪。

對於網上那些關於她卸任《財新周刊》總編輯是由於政治原因，她的職業生涯到頭了的傳聞，胡舒立否定稱可笑的謠言。她說：「我不是淡出或者卸任了，你可以說我升職了（改任社長）。」

2018年1月1日，財新內部郵件公布了人事調整通知，胡舒立卸任財新傳媒總編輯、《財新周刊》總編輯，接任者是王爍。

陸媒 1 月 9 日報導說，這不意味著「最危險的女人」將就此退休，卸任總編輯後，胡舒立將繼續擔任 CEO 及社長之職。

因為多次刊發黑幕報導，並導致眾多高官下台，胡舒立被《商業周刊》稱為是證券界「中國最危險的女人」。

2007 年 1 月，胡舒立任總編輯的《財經》雜誌發表文章《誰的魯能》，披露曾慶紅的兒子花 7000 萬變 1100 億，鯨吞國企資產。

十八大以來，胡舒立的財新傳媒頻頻為習近平、王岐山的打虎運動發聲，先後深度報導周永康把持的中石油窩案、周永康家族貪腐案、江綿恆把持的中移動窩案，以及郭文貴、安邦董事長吳小暉等相關事件內幕。

據報，胡舒立是胡錦濤的直線人馬，並與王岐山、習近平等高層很早就有來往，關係密切。

十九大前後，習江博弈升級，王岐山遭到江澤民集團圍攻，胡舒立也被捲入，曾與郭文貴多次隔空對陣。

王岐山強勢復出背後的高層博弈內幕

中共十九大前，王岐山留任常委呼聲頗高，黨內外一片慰留其連任政治局常委、繼續主持反腐整風的聲音。然而，王岐山最終卻卸任政治局常委乃至中央委員。圍繞王岐山十九大是否留任政治局常委，中共高層曾激烈博弈。

香港《前哨》雜誌 2017 年 12 月號報導，中共新一屆常委名單是各派妥協的產物。起初習近平打算讓王岐山留任，王本人也願意。2017 年 9 月之前，二人的布署都是圍繞這個目標運作的。

　　據稱，2017 年 3 月，中共政治局建議常委人數從七人擴編至九人。7 月中旬，十九大準政治局委員預選，參選的 35 人名單中也有王岐山。這些都是為了王岐山下一步留任。

　　但是，在中共黨內徵求意見時，王岐山留任遭到異常激烈抵抗。

　　第一大阻力來自黨內大大小小的利益集團。王岐山反腐與整個官僚集團為敵，如果王留任，他們將寢食難安。

　　第二大阻力來自中共退休大佬，特別是當年因「七上八下」出局的曾慶紅。王岐山曾經多次約談曾慶紅，訓令他交代本人和家族的貪腐問題。如果王不退，曾慶紅很可能在秦城監獄度過殘生。因此，曾慶紅使出「渾身解數」，動用所有關係網，拚死阻止。

　　第三大阻力來自和王岐山一樣年滿 68 歲的江派常委劉雲山、張德江和張高麗。他們對王岐山留任不服，或明或暗反對。消息稱，劉雲山甚至一度提議常委人數擴展到 11 人，以便他也能留任。

　　這些強大阻力，習近平和王岐山難以一一擺平，王岐山表態因健康原因不再留任。

　　報導稱，經過激烈博弈，2017 年「十一」前後，王岐山退常成定局，高層人事才最後定盤。

　　最後結果是，習近平架空了集體領導制，廢除了「隔代指定接班人」，但沒能打破「七上八下」年齡潛規則。

　　但習近平也留了後手，放話「不惜代價」，安排王岐山在兩會上強勢回歸。

　　2017 年 7 月 26 至 27 日，習近平當局在戒備森嚴的京西賓館舉行了中共省部級高官專題研討班，罕見不准與會官員記錄。

據台灣媒體《上報》報導，此次會議的重點之一，就是習當局針對十九大政局，口傳下達了「四個不惜代價」的指令。

北京消息透露，所謂「四個不惜代價」包括：中央將不惜代價保護陷入風口浪尖的高層領導、不惜代價清洗中共黨內反對勢力、不惜代價應對十九大前後的外部壓力，以及不惜代價鎮壓內部的不穩定因素。

上述的首個「不惜代價」，即是習近平力挺主掌反腐工作的王岐山。

報導說，若「四個不惜代價」的說法屬實，那這次會議必定做出人事或反腐行動等重大宣布；甚至暗示孫政才被查處後，中共十九大後或還有更高層級官員落馬。

第二節

王岐山「第八常委」
習王體制開啟

2018 年 3 月 5 日人大開幕會場，王岐山成為今年中共「兩會」的頭號焦點人物。（AFP）

2018 年中共兩會上，王岐山以普廷黨員身份強勢回歸，成為海內外輿論關注焦點。王岐山與七常委並排坐，而實際權力僅次於習近平。「習王體制」實質上成為一種習在中共政治局、常委會之外新建的以強化國家權力為特徵的權力體系。

王岐山強勢回歸 與七常委並排坐

北京時間 3 月 4 日上午，中共十三屆全國人大一次會議舉行了預備會議，通過了大會議程，選舉了由 190 人組成的大會主席團，前中紀委書記王岐山赫然在列。

央視《新聞聯播》畫面顯示，中共七名政治局常委，除擔任

全國政協會議主席團主持人的汪洋外，均有出席預備會議且同排坐。而王岐山則與這六名政治局常委同坐一排，一旁是常委排名第七的韓正，另一旁則是空位。

至於其他政治局委員，則分別坐在六名常委及王岐山之後的一、二排，層級分明。且新聞畫面依序播出與會六名政治局常委鏡頭後，接著播出的就是王岐山的鏡頭。

在預備會議之後舉行的人大主席團會議，除汪洋外的六名政治局常委同樣出席，央視《新聞聯播》也有報導。報導時，畫面仍然依序播出這六名政治局常委的鏡頭，緊接著播出的還是王岐山的鏡頭。就是王岐山的單獨鏡頭，畫面停留時長達2秒10幀。

在中共十九大後，王岐山雖退出政治局常委會，但在黨內享有「第八號常委」權力、列席政治局常委會的說法不脛而走，現更傳聞將接任國家副主席。而王岐山在人大預備會議上的座位安排及鏡頭排序，更加深了他「第八號常委」的聯想。

3月5日上午，中共全國人大一次會議開幕，王岐山仍與六常委同列，坐在趙樂際的左側，位於同一排的政治局常委及政治局委員之間。

許多外媒與港台媒體都是拍過了習近平、李克強及王岐山之後，才去找其他畫面。這些媒體記者們都認為，王岐山毫無疑問是2018年中共「兩會」的頭號焦點人物。

3月11日下午，中共全國人大會議對《憲法》修正案草案進行表決，最後以2958票贊成、2票反對、3票棄權、1票無效，16人缺席，通過憲法修正案。除了刪除國家主席「連續任職不得超過兩屆」的限制外，「習思想」、監察委員會等內容被加入《憲法》。

現場畫面顯示，本次投票採用不記名投票。習近平率先走向投票箱，會場出現掌聲。之後每名政治局常委投票都有掌聲相伴，但走在第八位的王岐山出來投票時，掌聲聲量突然變大，等到王岐山其後的政治局委員投票時，掌聲戛然而止。現場對王岐山的反應，尤為熱烈。

「習王體制」開啓

當天，美聯社報導稱，《憲法》修正案刪除了國家主席任期的限制，這使得中國國家主席習近平能夠「無限期地執政下去」。

《憲法》修正案通過國家主席任期不再受限兩屆，這意味著習近平將有可能長期執政。

眾多報導稱，此前外界傳69歲的王岐山將就任國家副主席，未來「習王體制」，將在一段時間內成為固定政治夥伴，也將成為一同打破「七上八下」新政治體制的政治領袖，或為中國開啟一段過渡時期的政治體制。

自鄧小平開始，中國就形成「七上八下」的新政治體制，中央政治局常委不得超過68歲，年滿68歲必須退休。1948年出生的王岐山今年69歲，雖沒在十九大排進政治局常委，但當選人大代表，在兩會出場序又安排在七常委之後，被外界視為「第八號常委」。

中共領導人特別重視出場順序和座位排序，代表權勢的高低。王岐山被安排在七常委座位旁，此舉顯示，他不同於以往「沒有聲音」的只是備位首的副主席。

王岐山將可能只比習近平權勢低一些，比其他常委都要高，

成為「非常委的常委」。

王岐山權力僅次習近平

中共兩會上，王岐山入選人大會議主席團，並在隨後每次出場時，與現任政治局常委同坐一排，名列七常委之後，坐實「第八常委」傳聞。

中共的國家副主席職務，歷史上曾有五種形態，一是胡錦濤、習近平的接班人模式；二是朱德、董必武、烏蘭夫、王震的元老酬庸模式；三是宋慶齡、榮毅仁的中共統戰模式；四是曾慶紅的監軍模式，即有一定實權的政治局常委兼任；五是李源潮的閒差模式。

王岐山出任國家副主席，創造出第六種模式。之所以不同於以往任何一種模式，是因為王岐山雖已退出政治局常委會，卻曾經權傾一時，政治影響力僅次於習近平。

「習王體制」箝制常委會

新的「習王體制」具有多重政治敏感性。

首選，王岐山強勢回歸，「習王體制」確立，宣告江澤民集團打壓王岐山、離間習王關係的企圖破產，也為兩會後習、王針對江派海內外勢力的新一輪清洗埋下伏筆。

其次，王岐山以普通黨員身份強勢回歸，成為中共史上最具權力的國家副主席；習近平同時修憲，廢除國家主席、副主席的任期限制。「習王體制」實質上可視為一種習在中共政治局、常

委會之外新建的以強化國家權力為特徵的權力體系。

第三，這一新的權力體系將對現有的中共最高權力機構——政治局常委會起到箝制作用。王岐山以正國級的前常委身份強勢回歸，十九屆五名新常委難望其項背；尤其王岐山與習近平的密切關係、五年強勢「打虎」積累的聲望、在未來中美關係、金融乃至反腐領域的實際分管權力或影響力，都將繼續對包括具有江派背景的政治局常委在內的江澤民集團高官產生極大震懾效應。

第三節

王岐山的虛職與實權

作為前常委的正國級高官，王岐山擔任國家副主席後，不大可能出任除習之外的其他六名常委黨內任職的副手；最大可能是在習任組長的中央小組中任副組長，擔任習的副手，掌握實權。而王岐山的影響力則將輻射外交、金融、紀檢與監察委、台港澳事務等多領域。

王岐山影響力涵蓋四大領域

王岐山憑藉數十年在地方與中央的政務、黨務、外交等領域積累的經驗與人脈，尤其任中紀委書記「打虎」獲得的聲望，以及與習近平之間的親密私交，無疑將成為中共史上最具權力的國家副主席。

王岐山任國家副主席後，其權力影響至少可體現在四個領域。

外交領域

此前，中南海通過多家媒體放風稱，王岐山在經濟和中美關係方面很有能力，也很擅長，習近平很可能會繼續用他；王岐山當了國家副主席，最側重的也是外交層面，尤其是中美關係。

習近平第二任期內，邊境危機與中美貿易關係已成為習的外交難題。憑藉在美國商界和政界積累的人脈，以及在經貿領域的專長，王岐山任國家副主席，將名正言順地參與外交事務，助力習近平。

不僅如此，王岐山任中紀委書記期間，力主海外追贓追逃；敏感人物如令完成、薄瓜瓜、郭文貴等人據稱都是追逃對象，迄今無果。王岐山若直接介入外交事務，料將助力、推進這些追逃行動。

金融領域

中美貿易關係、海外追贓等，都與中國內部的經濟腐敗與金融反腐密切相關。而王岐山此前曾長期從事與財經相關的工作，其影響力在財經領域根深蒂固，其親信分布於財經領域不同崗位。

十九大前後，王岐山的祕書周亮、舊部閻慶民分別出任中共銀監會副主席及中共證監會副主席。

另外，北京、上海、天津三個直轄市副市長人選，均配有來自金融系統高官。其中，1月19日，央行副行長殷勇被任命為北京副市長，農行副行長康義被任命為天津副市長；1月16日，上海證券交易所理事長吳清被任命為上海副市長。

在經濟危機背景之下，金融領域已成為習當局反腐的重點目標。金融系統一連串的人事變動，預示清洗風暴將至；而周亮與

閻慶民分別調職銀監會、證監會，不僅是王岐山權勢不減的一個證據，也意味著王將在金融反腐行動中有重要影響力。

紀檢與監察委系統

過去五年，王岐山在大力「打虎」的同時，多番調整中央與地方紀委系統人事，並清除前朝留下的紀委「內鬼」。

十九大前夕，中紀委各大機構及地方省級紀委主官幾乎全部換人，習王布署親信、舊部，卡位紀委系統重要職位。

從新一屆中紀委委員會名單也可發現，習近平、王岐山已打造了一支紀檢系統親信隊伍。

另外，在兩會上推出的國家監察委制度，也是王岐山一手主導試點、建立。

尤為重要的是，王岐山任中紀委書記五年，除了已落馬的數百名省部級及軍級以上高官，還有更多重量級的江派高官，甚至包括江澤民、曾慶紅在內的江派國級高官，其貪腐、政變、活摘器官等各種罪證很可能都已收錄在案，一旦時機合適或時局需要，這些大老虎隨時可能被拋出。

王岐山雖已卸任中紀委書記，但對紀檢與監察委系統的影響力不言而喻。現任中紀委書記趙樂際雖具江派色彩，但在「習核心」的強勢震懾與王岐山老領導的強大影響力之下，料是既不敢也無力有什麼對抗性舉動。

台港澳事務

王岐山重返政壇出任國家副主席，按照慣例，他兼任「中共中央外事工作領導小組」的同時，同樣亦將成為「中共中央對台工作領導小組」和「中共中央港澳工作協調小組」成員。

台港澳事務曾長期被江派勢力操控，背後涉及江澤民集團二

號人物曾慶紅等人操控的國安特務與海內外黑幫勢力，與中共高層內鬥息息相關。

隨著習陣營全面接管台港澳事務，對滲透其中的江派特務和黑幫勢力的清洗勢在必行。具有五年反腐「打虎」經驗的王岐山介入台港澳事務，將大大助力這一清洗行動。

王岐山任習的副手掌握實權

王岐山已就任的國家副主席為副元首虛職。中共官僚體系中，實際權力落實在不同層級的具體黨政機構，尤其中央層級的黨務機構中。王岐山的實際權力將體現在其分管工作和黨內兼職。

十八大以來，習近平親自擔任十多個中央小組的組長或委員會主席，通過「小組治國」進行集權，架空了政治局常委會的集體決策。

作為前常委的正國級高官王岐山擔任國家副主席後，實際權力將僅次於習近平，不大可能出任除習之外的其他六名常委黨內任職的副手；最大可能是在習任組長的中央小組中任副組長，擔任習的副手，掌握實權。

已有跡象顯示，王岐山很可能在外事、經濟、台港澳事務等中央領導小組中擔任副職。

王岐山領銜外交事務 料任外事工作領導小組副組長

據信王岐山將主管外交事務與中美關係。目前，中美貿易戰、

朝鮮半島危機、南海問題、台海問題，已是北京當局迫在眉睫的重大難題。王岐山擔當重任，突顯其角色吃重。

中南海通過多家媒體放風稱，王岐山在經濟和中美關係方面很有能力，也很擅長，習近平很可能會繼續用他。假如王岐山當了國家副主席，則最側重的也是外交層面，尤其是中美關係。

十八大期間，習近平任中央外事工作領導小組組長，副組長是國家副主席李源潮。王岐山料將按慣例，以國家副主席身份兼任中央外事工作領導小組副組長，實際主掌外交事務。

此前不斷有消息指，王岐山任國家副主席後，在外交事務方面分擔習近平的工作，重點負責對美外交事務，皆因王岐山熟悉經貿、曾擔任「中美戰略與經濟對話」中方代表、與全球重要的金融及銀行界領袖有交情，加之王談判手段高明，同時，王也深獲習近平信任，在中美關係面臨巨大挑戰的關鍵時刻，他可說是最佳人選。

另外，主管外交的政治局委員楊潔篪可望出任國務院副總理，也打破國務院多年來沒有主管外交的副總理這一格局。現任外交部長王毅則料接棒楊潔篪，擔任分管外交的國務委員，並繼續兼任外長職務。

而習近平智囊劉鶴料將出任副總理，掌管金融、外貿等工作。劉鶴 2 月 27 日至 3 月 3 日以中財辦主任身份赴美談貿易紛爭，可見劉鶴未來在中美談判中將擔當十分吃重的角色。

至此，王岐山統領劉鶴、楊潔篪、王毅這三名副國級高官，組成強大外交團隊的跡象已很明顯。

有分析認為，中紀委前書記王岐山將與劉鶴等一道共同推動中國政治經濟大變革。《華爾街日報》稱，美國川普政府官員認

為，有望被北京當局任命的王岐山以及劉鶴等官員屬於經濟改革派，這些人上台有助於推動中國的開放進程。

台港澳事務機構面臨調整 王岐山料將涉入

王岐山出任國家副主席，按照慣例，還將在「中共中央對台工作領導小組」和「中共中央港澳工作協調小組」中任職。

中共兩會期間，中共政治局常委、中紀委書記趙樂際與中央書記處書記王滬寧，罕見現身港澳政協委員聯組會議與港區人大小組會議，為未來港澳事務負責人選帶來變數。

2018年中共兩會的焦點之一是黨政機構改革。有消息指，「中共中央對台工作領導小組」和「中共中央港澳工作協調小組」將合併。習近平現任中共中央對台工作領導小組組長，將繼續擔任合併後領導小組組長；而王岐山料任副組長之一，參與台港澳事務。

習新設「依法治國委員會」 王岐山或擔任角色

十九大之後，外界關注的高層人事最大懸念是，王岐山會否兼任國家監察委領導職務。

王岐山任中紀委書記期間，一直強調反腐制度化。目前來看，除了設立國家監察委外，習近平新設的「中央全面依法治國委員會」，或為王岐山繼續參與甚至主導反腐工作埋下伏筆。

2017年10月18日，習近平在中共十九大報告中，稱依法治國是治理國家的一場「革命」，必須屬行法治，深化司法體制綜

合配套改革，全面落實司法責任制；並提出要成立「中央全面依法治國領導小組」，以加強對法治中國建設的統一領導，「任何組織和個人都不得有超越《憲法》法律的特權」。

作為中央層級的「依法治國委員會」，其統屬、管轄對象，很可能囊括涉及司法、監管職能的機構，包括中共政法委、中紀委等黨務機構，以及最高法院、最高檢察院，乃至新成立的國家監察委等國家級別行政機構。

習近平料按慣例出任「依法治國委員會」主任，而王岐山很可能是副主任之一；如此，王岐山將在超越中紀委書記的層級繼續全方位參與反腐事務。

王岐山兩會後密集展開外交活動

2018 年兩會剛結束，3 月 22 日，王岐山在紫光閣會見了訪華的菲律賓外長卡耶塔諾。這是王岐山首次以新的身份重新正式出現在中共政壇上。

3 月 24 日，王岐山會見了參加中國發展高層論壇的諸多外國企業的高管，其中包括多名美國商業巨頭，如谷歌行政總裁皮查伊（Sundar Pichai），和 IBM 公司董事長、總裁羅睿蘭（Virginia Rometty），與美國著名私人股權投資和投資管理公司黑石集團董事長蘇世民（Stephen Schwarzman）、線上支付 Paypal 聯合創始人蒂爾（Peter Thiel）、波音公司董事長及總裁米倫伯格（Dennis Muilenburg）等。

中共官方 3 月 28 日報導，朝鮮領導人金正恩於 3 月 25 日至28 日對中國進行非正式訪問，期間，習近平夫婦會見了金正恩夫

婦,中共中央政治局常委、國務院總理李克強,和中共中央政治局常委、中央書記處書記王滬寧,以及國家副主席王岐山分別參加有關活動。

在 3 月 20 日結束的中共兩會上,王岐山以普通黨員身份強勢回歸,出任國家副主席,位列「第八常委」。

習近平在第一個任期內,兼任中央外事工作領導小組組長,副組長是國家副主席李源潮。中共兩會結束後,北京當局公布機構改革方案,其中包括將中央外事工作領導小組升級為中央外事工作委員會。按照慣例,習近平將擔任外事委主任,國家副主席王岐山將任副主任。

兩會結束後,王岐山接連參加外事活動,佐證其出任外事委副主任、主管外交事務的消息。

中南海放風:習王開闢「第二戰場」

3 月 3 日,總部在北京的親習陣營媒體發文稱,王岐山將與習近平聯手開闢第二戰場——中共外交系統的改革。中共的外交體系改革,不僅包含機構調整,當然也會涉及最為重要的人事安排。

文章說,目前中共外交領域人事安排,習近平是最高決策者,全面主導外交政策。習近平之下,王岐山將會成為習近平外交戰略的重要執行者,這個角色也將一改此前國家副主席在外交工作上比較「務虛」的情況。

習王之下,就是分管外交工作的國務委員楊潔篪,同時他還兼任中央外事領導小組辦公室主任。楊潔篪之下為中共外交部長

王毅和中聯部長宋濤。王毅宋濤之下，再是外交部、中聯部各司局負責人以及駐外使館工作人員。

文章說，如果承襲這樣的權力格局。2018 年兩會之後，中共外交領域將會出現「習近平—王岐山—楊潔篪—王毅（外交部長）、宋濤（中聯部長）」的金字塔式構成關係。

此前大陸就有傳聞稱，十八大後，王岐山曾在一次內部會議上狠批外事、外交界領導乏力，各自為政、拉幫結派，有強力保護傘，存在利益關係。

更具體的報導稱該會議上王岐山歷數二十多年來，有關涉外、外交工作和駐外機構的整頓與改革工作的亂象。

與之相呼應，兩會前夕，彭博社 2 月 7 日援引四名中方知情人士的話表示，北京已下令對中共外交部進行徹底改革，在審查外貿交易、監督基建項目以及管理國外貸款時「用一個聲音說話」。

此前，中共外交部連續發出與習近平在國際重大場合不同調的言論，經常唱反調。

被冠以「獨立王國」的中共外交部此前一直把持在江派手中，利用外交系統派遣大批特務進行海外活動。中共四任外交部長錢其琛、唐家璇、李肇星、楊潔篪都隸屬於江派。

有消息指習近平試圖在外交領域做較大調整，以徹底改變江澤民時代遺留至今的結構布局。

結語

王岐山在過去數十年仕途中，輾轉於金融、社會治理、外交、

政務多個領域，多次臨危授命扮演「救火隊長」的角色，展現了多方面的傑出個人能力。

王岐山主管的中美關係包括貿易、朝鮮半島危機、南海問題、台海問題，以及台港澳事務等，都與中國內部的經濟腐敗、金融反腐，以及習江兩派的政治博弈密切相關。

十九大之後，習江生死博弈、中國經濟與社會危機、美國川普政府為首的國際圍剿中共政權的態勢，均進入了一個新的階段。王岐山強勢回歸，對多個領域將產生深刻影響。「習王體制」的開啟，為中共政權結構與中國政局發展帶來變數。

四大部署 習王超越常委制

第三章

習陣營
掌控最高國家權力

2018 年中共兩會上，習陣營全面掌控包括國家主席、副主席、軍委主席、國務院總理、人大委員長、政協主席、國家監察委主任在內的所有最高國家權力；為未來習江鬥態勢與中國政局發展帶來極大變數。

習陣營首次全面掌控所有最高國家權力。習進行政治轉型所需要的權力基礎已然具備。（AFP）

第一節
李克強連任總理
助力機構改革

機構改革啟動，總理角色微妙。圖為2018年3月5日李克強於中共人大上表示政府機構改革將是今後的長期重要工作。（AFP）

　　2018年中共兩會上，繼習近平連任國家主席、軍委主席，王岐山當選國家副主席之後，3月18日，經習近平提名後，李克強以2964票贊成、2票反對，繼續當選國務院總理。

李克強仕途受胡錦濤一路提攜

　　現年57歲的李克強，畢業於北京大學，擁有法律碩士和經濟學博士學位。李克強的政治生涯從其擔任中共共青團北京大學支部的書記開始，並擔任全國學聯祕書長，隨後與胡錦濤同時進入團中央工作。

　　1985年，李克強擔任共青團中央書記處書記，當時胡錦濤為

中央書記處第一書記。1993年至1998年任共青團中央書記處第一書記。

當時，胡錦濤任團中央常務書記，正是李克強的頂頭上司。李克強的辦事能力、文字能力與口才，都頗受胡錦濤讚賞。

李克強是胡錦濤早就屬意的接班人，受到胡的大力栽培，開始官運亨通。胡錦濤接任中共總書記後，李多次接到「另有任用」的通知。

胡上任不到一個月，1998年，李克強由共青團第一書記調任河南省委副書記，44歲時成為當時中共最年輕的省長。2004年，他被調任遼寧省委書記。2007年10月22日，52歲的李克強躍升進入中共政治局常委，成為最年輕的副總理。

日媒《朝日新聞》曾披露，李克強與胡錦濤之間淵源很深，時間可以追溯到1985年，他們當時一同出席訪日中國青年代表團的歡迎會，李克強協助胡錦濤工作。該報導稱，共青團內部人士透露，兩人互用暱稱「錦濤」和「克強」，猶如互相信任的親兄弟。

據稱，李克強是正統科班出身的經濟學博士，胡錦濤一開始就把他按照經濟總理一職來一步一步培養的。因恐懼中共翻船，找一個真正懂經濟的有能力的人當總理，成了中共各派共識，所以李克強才能夠成為各派妥協的對象，贏得擔任未來國家總理一職。

李克強助力習王反腐 對陣利益集團

隨著王立軍、薄熙來事件爆發，江澤民集團密謀政變、廢黜習近平的內幕曝光。中共九常委在處理薄熙來問題上，溫家寶態

度最為堅決，不惜與力挺薄熙來的周永康針鋒相對。而李克強對處理薄熙來也態度堅決。

李克強在常委會上提出，既然決定免去薄熙來的職務，就應該快刀斬亂麻，盡快公布這個決定，以免夜長夢多。李克強主動表態支持嚴辦薄熙來，有消息稱，習近平對此「心存感激」。

中國的金融、石油、電力、鐵路、電信等系統曾一直被江派太子黨壟斷掌控，這早已是公開的祕密。面對國企改革遭遇阻撓、政令不出中南海的困境，李克強曾多次拍案而起、強硬發聲，表示要用「壯士斷腕」的決心推進改革。

2013 年中共「三中」全會後，李克強主推上海自貿區，試圖引進資金倒逼中共的金融改革。當時，民企很難從銀行貸款，巨量的資金都掌握在江派的權貴勢力手上，他們通過影子銀行放貸賺取高利，民間借貸資金成本高，多地出現企業倒閉潮。

當年 7 月 3 日中共國務院常務會議原則通過設立上海自貿區後，江派利益集團反對的聲音一直沒斷過，尤其是計畫向外國投資者開放上海金融服務業，隨即招致三大金融監管機構其中的兩個——中共銀監會和證監會的公開反對。

上海財經大學現代金融研究中心副主任奚君羊和陳波當時接受《紐時》採訪時都坦言，金融監管機構和該體系內的利益集團已經成為自貿區內金融改革的最大絆腳石。

曾有消息傳，在一次中共國務院閉門會議上，李克強得知其計畫一直遭到反對時，拍桌子發火。

中移動巨大貪腐案查辦過程中，也遭到來自江澤民家族阻擋；王岐山與李克強聯手，先後拿下中移動多名高管。

過去幾年，李克強曾多次針對江綿恆「電信王國」發聲，推

動取消流量漫遊費、降低移動網路流量資費等。

機構改革啓動 總理角色微妙

2018 年 3 月 5 日中共人大開幕，李克強發表了政府工作報告，其中提到，政府機構改革將是此次會上及會議閉幕後的長期重要工作。

3 月 13 日，國務院機構改革方案公開，其中牽涉國務院多個部委的深度改組；有「小國務院」之稱的發改委就有至少六個職能被轉移。伴隨著方案 17 日獲人大通過，李克強也在 18 日繼續被任命為總理。

機構改革與李克強一貫強調的簡政放權理念一致，外界關注，李克強如何在新任期推進並落實相關改組工作。有分析認為，其發揮空間在於或可憑藉此前五年的經驗，為改組的實施提供指引，幫助規避風險。

此外，由於中國面臨的國際政治經濟格局益發複雜，僅靠國務院及其部委「單打獨鬥」也被指不能遊刃有餘，因此近年也有更多重要機構及官員更多地參與到經濟事務當中。除了推進國務院「減負提效」，李克強在國務院及部位與其他重要機構、官員協調分工中充當的角色，也將折射中國政治架構的未來走向，頗令人關注。

栗戰書掌人大
瓦解「反習基地」

栗戰書（左）與習近平背景相似、理念相契，深獲習近平信任；與王岐山一起被視為習近平的「左臂右膀」。（AFP）

2018 年 3 月 17 日上午，中共十三屆全國人大一次會議上，中共政治局常委栗戰書全票「當選」全國人大常委會委員長。

栗戰書被宣布當選時，鞠躬完就走向國家主席習近平握手致意，接著與前任人大委員長張德江握手，展現傳承；栗戰書回到座位時，又與身旁的李克強握手。

栗戰書是習近平的鐵桿親信

現年 67 歲的栗戰書與習近平認識 30 多年，背景相似、理念相契，深獲習近平信任；與王岐山一起被視為習近平的「左臂右膀」。

栗戰書之所以獲得習近平賞識與信任，原因有三：一是 1983 至 1985 年間，栗戰書在河北無極縣擔任縣委書記，習近平就在旁邊的正定縣擔任縣委書記，兩縣不足 30 公里，據說兩人常一起飲酒。

其二，陝西是習近平的老家，有傳栗戰書在陝西任職期間頗獲民望，習近平都聽進耳裡。2011 年 5 月 8 日至 11 日，時任國家副主席習近平到貴州考察，栗戰書全程陪同，兩人有了深談與交心。

此外，栗戰書接任中央辦公廳主任後，徹底清洗令計劃盤據 10 年之久的中辦，令計劃在中辦的多名心腹被調查，中辦高層紛紛被調離。

在習近平的第一屆任期內，栗戰書多次力挺習近平的反腐「打虎」，及力挺「習核心」、「習思想」的建立。

張德江罕見向栗戰書深鞠躬

央視畫面顯示，在大會主持人宣布栗戰書「當選」人大常委會委員長後，張德江向栗戰書表示祝賀時，深深鞠了一躬。

在如此重大的政治場合，作為前常委、前人大委員長的張德江竟向接任者深鞠躬，又在央視新聞鏡頭中直播出來，引外界關注。

之前，3 月 4 日上午，人大預備會議選舉產生大會主席團後，新當選的主席團常務主席栗戰書與張德江交接。新華社報導中，只有文字，罕見沒有配栗戰書與張德江的握手照片。

而 15 年前李鵬向吳邦國交接，以及五年前吳邦國向張德江

交接時，新華社都突出呈現了二人的握手照片。

張德江操控人大 對抗習近平

張德江從朝鮮留學回國後，靠投靠江澤民一路高升。其人心狠手辣、以「左得出奇」著稱，長期主政江派基地——廣東省。張不僅隱瞞廣東薩斯疫情、打壓敢言傳媒，還因積極配合江澤民迫害法輪功，而深得江澤民信任。

2012 年，張德江接手人大委員長職務後，隨即成為江澤民集團最高利益代言人，人大則漸成「反習基地」。

2013 年，張德江挾持人大，阻撓習當局廢除勞教制度。廢除勞教的背後涉及馬三家酷刑黑幕及蘇家屯活摘器官等迫害法輪功的罪行。

2014 年 9 月 30 日，張的下屬、人大內務司法委員會副主任委員李慎明暗示人大「可以罷免國家主席」，被視為張德江對習近平的威脅信號。

此外，在香港普選問題上，手握香港問題實權的港澳小組組長張德江不斷製造混亂，刺激惡化香港局勢。包括在任內挑起「610 白皮書」、「831 人大決議案」、引爆雨傘運動等；張德江還與梁振英配合，利用香港議員宣誓風波，挑起事端，被指利用人大釋法，試圖形成新的「第二權力中央」，來對抗習近平。

香港《成報》2016 年曾連續發文，批評張德江是亂港之首，包括觸發雨傘運動、捏造「港獨」等，不斷激化香港局勢；報導直指張德江仕途有江澤民在背後撐腰。

如今，習親信栗戰書接掌人大，有消息稱，栗戰書將致力於

人大改革等任務，這意味著江派這一「反習基地」面臨大清洗。
新華社一反常態，未刊發張德江與栗戰書交接時的握手照片；張
德江向栗戰書深鞠躬，儀態盡失。這些反常現象折射張德江處境
不妙與恐慌心理。張德江會否步前常委周永康下台後落馬的命
運，值得關注。

第三節

汪洋接管政協統戰系統

汪洋具有資深政務經驗，作風開明，
其執掌政協被外界看好。（AFP）

3月14日，第十三屆中共政協全體會議以2144張贊成票，全票推選汪洋為全國政協主席，沒有反對、棄權及無效票。當會議主持人宣布汪洋當選全國政協十三屆委員會主席後，全場響起長時間的掌聲；俞正聲起身與汪洋握手，正式完成權力交接。

汪洋受習近平器重

3月15日上午，政協會議閉幕，習近平、李克強等中共政治局委員全部出席。新任政協主席汪洋主持會議，並發表講話。

汪洋要求政協委員明年要有好的提案和履職報告。汪洋說，政協委員的作用不是靠「說了算」而是靠「說得對」；「說得對」就是提出符合客觀事物發展規律的意見、建議，這就需要求真務實的能力與水準。

習近平在離去時，特地與新任政協主席汪洋握手致意。

十八大以來，汪洋受習近平重用。習在十八大上位後，第一站走訪的就是廣東，並由汪洋親自陪同。汪洋任副總理後，主要分管農業、水利、防汛抗旱、扶貧開發、商務、旅遊等，還負責處理對外經貿事務，是中美戰略經濟對話的中方負責人。汪洋還多次陪同習近平參加重要外事活動。

十九大上，汪洋毫無懸念地進入政治局常委會。汪洋具有資深政務經驗，並擅長對外工作，作風開明，其執掌政協被外界看好。

汪洋清洗廣東江派勢力 對陣薄熙來

汪洋年輕時便進入政界，並先後被中共三代領導人包括鄧小平、胡錦濤以及習近平提拔。2005 年，汪洋空降重慶任市委書記。2007 年十七大，汪洋當選中共十七大中央委員，並在中共十七屆一中全會上躍升「兩級」，當選中央政治局委員。中共十七大後，胡錦濤調派時任重慶市委書記汪洋接任廣東省委書記。

2007 年，薄熙來接替汪洋出任重慶市委書記，很快就又是「唱紅」，又是「打黑」，搞所謂的「重慶模式」。調任廣東的汪洋則明裡暗裡批評薄熙來的主張，他在強調「做大蛋糕」時故意說，這個時候講「做大蛋糕」格外有政治意義，以此來回應薄熙來強調「分蛋糕」的「重慶模式」。

汪洋在以「廣東模式」向薄熙來「唱紅打黑」、「重慶模式」叫板，同時在廣東大力圍剿江派勢力，包括江系前廣東省委書記張德江、李長春的舊部，清洗大批政法系周永康的人馬、江派的

廣東幫高官，並把肅貪之火燒向周永康和江澤民的情婦、前廣東省委副書記黃麗滿等。

2009 年，廣東官場發生大地震，省政協主席陳紹基、深圳市長許宗衡，及原廣東省紀委書記、時任浙江省紀委書記王華元等人因「嚴重違紀」被中紀委革職查辦，原廣東省公安廳常務副廳長時任公安部長助理鄭少東也落馬。

2011 年 11 月，江派地方大員、時任廣東省長黃華華突然辭職，據稱，黃華華深涉經濟腐敗問題被汪洋抓住把柄被迫辭職。

2012 年 2 月，汪洋又啟動「三打兩建」的「打黑」專項行動，一場反「貪腐」風暴席捲廣東，數百名涉案官員被「雙規」。

汪洋遭江派阻擊 飲恨十八大

十八大前，時年 57 歲的汪洋就被視為「入常」熱門人選，但隨後傳出江派勢力阻擊，令汪洋無緣「入常」。

2012 年中共十八大上，劉雲山的入常，民間議論為是「最大意外」。隨後港媒披露十八大中央委員的選舉得票狀況，劉雲山在七常委中的得票數最低，比沒入常的汪洋還低。顯示他最不得人心。

港媒 2015 年初報導，劣跡斑斑的劉雲山之所以能夠成為黑馬進入十八大常委，與江澤民諸多的助推運作有關。

原中國軍事學院出版社社長辛子陵 2015 年 6 月 24 日接受澳洲廣播電台（SBS）訪談時表示，中共是分裂的，事實上存在兩個司令部——以習近平為首的改革派組成的司令部；和「江核心」操縱的反對派，一個地下司令部。反貪「打虎」鬥爭是兩派激烈

鬥爭的表現。

辛子陵透露，中共十八大組建領導班子時，前黨魁江澤民還占著相對的優勢，七名常委他推薦了三個，劉雲山的票數少於汪洋，但江堅持要劉上，胡、習只好讓步，讓汪洋下。

習舊部夏寶龍出任政協「大管家」

新一屆副主席有 24 人，包括：張慶黎、劉奇葆、帕巴拉‧格列朗杰、董建華、萬鋼、何厚鏵、盧展工、王正偉、馬飆、陳曉光、梁振英、夏寶龍、楊傳堂、李斌、巴特爾、汪永清、何立峰、蘇輝、鄭建邦、辜勝阻、劉新成、何維、邵鴻、高雲龍。

1952 年出生的夏寶龍在 2017 年 4 月，從浙江省委書記一職被調任中共全國人大環境與資源保護委員會副主任委員，外界普遍認為他已到齡「退居二線」。

然而夏寶龍在中共兩會上峰迴路轉，不僅出任政協副主席，躋身中共「黨和國家領導人」行列，而且兼任政協祕書長，成為汪洋的政協「大管家」。

夏寶龍是習近平的浙江舊部。習近平 2002 年主政浙江後，夏寶龍 2003 年從天津市副市長職位上調任浙江省委副書記，成為時任省委書記習近平的第一「副手」。

習近平 2007 年調離後，夏寶龍先後任浙江省委副書記、副省長、代省長；習近平在 2012 年的中共十八大上任後，夏寶龍同年底升任浙江省委書記。

溫家寶李克強舊部尤權出任統戰部長

值得關注的是，十九大後任書記處書記、統戰部長的尤權，罕見未按慣例出任政協副主席。1月24日，新一屆政協委員2158人名單公布，尤權未列入名單。

但1月23日，尤權曾就政協委員人選的推薦提名情況和建議名單，在政協常委會上傳達北京高層的要求：堅持「誰推薦、誰負責」，所有人選的推薦提名，由高層組織和把關，對政治上、廉潔上有問題，和社會形象不佳、履職情況不好的人選，堅決不作安排。

中共十九大上，尤權從福建省委書記一職升任中央書記處書記，在2017年11月7日已經以統戰部長身份現身，接替了孫春蘭的職位。

中共官方公開資料顯示，王兆國1992年12月被安排出任中共統戰部長，並在次年3月當選第八屆全國政協副主席，並在第九屆連任政協副主席排名第三。

2002年劉延東晉升為中共統戰部長，並在次年3月的第十屆全國政協當選為全國政協副主席排名第三。

2007年12月杜青林任中共統戰部長，次年3月起出任第十一屆全國政協副主席。2012年9月，令計劃被免去中辦主任之職，轉任中共統戰部長；次年2013年「兩會」上，令計劃還是當選為第十二屆全國政協副主席。

令計劃落馬後，時任天津市委書記孫春蘭接任統戰部長，成為中共建政後首個以政治局委員兼任的統戰部長；但孫春蘭並未補選為政協副主席。

外界分析，統戰部過去跟政協兩邊是互相交織為一體的，這次統戰部長第一次沒列為政協副主席，說明統戰部功能或架構都有可能出現改變。

1954 年初生現年 63 歲的尤權，是書記處中唯一的非政治局委員成員，擁有經濟學碩士學位，被指是溫家寶、李克強的親信。2000 年尤權便出任國務院副祕書長，先後配合朱鎔基、溫家寶分管金融工作。

2006 年，尤權調任國家電力監管委員會主席。2008 年，尤權再回國務院任常務副祕書長，協助副總理李克強，全面負責國務院辦公廳日常工作。作為國務院排名第一的副祕書長和兩名正部級副祕書長之一，尤權兼任國務院機關黨組副書記，負責國務院辦公廳常務工作，被外界視為李克強的「大內總管」。

李克強 2012 年 5 月前往福建視察時，尤權也曾陪同前往。同年 12 月，已經成為中共中央委員的尤權空降福建任省委書記。

在主政福建五年間，尤權響應習近平當局反腐行動，多次發表強硬言論；並大力推動福建與台灣、香港、澳門的全方位合作，非常熟悉港澳台事務。據悉，這也是他被選中擔任中央統戰部長的主要原因。

習陣營接管政協統戰系統

中共政協、統戰系統，與中共特務、情報機構，及外交、文宣系統緊密勾連，全方位主導中共的海外特務及滲透活動。江派常委賈慶林自 2002 年至 2012 年任中共政協主席長達十年。而統戰部更是長期被江澤民集團操控。

中共的統戰部、國安部和外交部長期以來一直把持在江派手裡，三位一體相互配合，當江澤民發動鎮壓法輪功起，其在海外工作的重點轉為配合鎮壓法輪功，積極推行中共迫害法輪功的政策。在海外的特務工作主要通過親共僑團、海外學生組織、商會、中共資助的媒體以及中華海外聯誼會幾大系統運作。據 2005 年資料的保守估計，全世界共有 1 萬多個海外華人僑團。

中共十八大前後，令計劃接任統戰部長、擔任政協副主席後，海外特務組織對法輪功打壓變本加厲。2014 年底令計劃落馬，具有江派背景的政治局委員孫春蘭接任統戰部長後，未見對統戰系統有實質性的清洗動作。

汪洋接任政協主席，習舊部夏寶龍出任政協「大管家」，溫家寶與李克強的親信、書記處書記尤權已接任統戰部長一職，標誌著曾長期被江澤民集團霸占、操控的政協統戰系統被習陣營接管。統戰部長尤權破例未出任政協副主席，為政協系統變革埋下伏筆。

第四節

習王舊部掌國監委
形同「第九常委」

習王舊部楊曉渡以多重身分兼任國家
監察委主任,將實際上掌控反腐大
權。圖為 2017 年兩會期間楊曉渡出席
記者會。(大紀元資料室)

習近平與王岐山的舊部楊曉渡爆冷出任首任國家監察委主任,實際執掌反腐大權,形同「第九常委」;現任中紀委書記、具有江派背景的政治局常委趙樂際面臨被架空的尷尬處境。

楊曉渡爆冷出任國家監察委主任

2018 年 3 月 18 日上午,中共全國人大會議選舉國家監察委主任。中紀委副書記楊曉渡獲全票贊成,當選首任國家監察委主任。

十九大以來,前任中紀委書記王岐山與現任中紀委書記趙樂際一直被外界猜測是國家監察委主任的人選,甚至傳出雙首長制

的說法。楊曉渡爆冷出任國家監察委主任，令人關注。

2017 年 10 月 25 日，時年 64 歲的楊曉渡躋身中共十九屆政治局，同時擔任中央書記處書記、中紀委副書記和監察部長。楊曉渡同時身兼政治局委員、書記處書記與中紀委副書記三個職務，30 年來還是首次。

楊曉渡仕途與胡習王有交集

楊曉渡早年曾長期在西藏工作，與曾經主政西藏的胡錦濤有過交集；2001 年，自西藏自治區政府副主席任上調任上海副市長。2006 年轉任上海市委常委、統戰部長，2007 與短暫主政上海的習近平有過交集，習對其工作曾表示肯定。

楊曉渡 2012 年轉任上海市紀委書記、上海市委常委，期間查處上海高院法官集體嫖娼事件，轟動一時。

2014 年，楊曉渡進京任中紀委副書記，成為王岐山的副手之一；2016 年再兼任監察部長、國家預防腐敗局長。

國監委位列副國級 趙樂際任職傳言落空

中共兩會在提名楊曉渡為國家監察委主任的同時，也提名張軍為國家最高檢察院院長候選人，提名周強為最高法院院長候選人。相關安排意味著國家監察委同最高檢察院、最高法院平級，為副國級。

楊曉渡以政治局委員身份兼任國家監察委主任，而最高法院院長、最高檢察院檢察長並不進入政治局，這表明國家監察委權

力排名在最高法院、最高檢察院之前。

中共兩會修憲條文中，定性增設的國家監察委員會是「國家最高監察機關」，將整合監察部、國家預防腐敗局、最高檢反貪污賄賂局、最高檢反瀆職侵權局等機構。

外界此前普遍解讀，國家監察委的權限「前所未有」，是與國務院、國家軍委同級的正國級機構。

中共十九大上，官方宣布，中紀委將與即將成立的國家監察委合署辦公，「一套班子，兩個牌子」。另外，截至 2 月 1 日，地方兩會上選出的 31 名省級監察委主任均由當地省級紀委書記出任。外界曾據此判斷，中紀委書記趙樂際將被提名擔任國家監察委主任。

如今國家監察委降格為副國級，與之呼應，趙樂際執掌國家監察委的傳言也落空。

習王舊部任國監委副主任

3 月 21 日，在栗戰書主持召開的中共人大常委會上，表決任命六名國家監察委員會副主任，以及十名國家監察委委員。

六名新任國家監察委副主任分別是劉金國、楊曉超、李書磊、徐令義、肖培、陳小江，他們均為中紀委現任副主任。至此，八名中紀委副書記中，就有七人兼任國家監察委正副主任。另一名中紀委副書記張升民，因為兼任中共軍委軍紀委書記，因而未在國家監察委任職。

其中，楊曉超是王岐山的北京舊部。王岐山任北京市長時，楊是北京市審計局長。王岐山在中共十八大出任政治局常委、中

紀委書記後，楊曉超接連升任北京市副市長、市常委，2015 年 7 月升任正部級的中紀委祕書長，成為王岐山的「大祕」，2018 年 1 月升任中紀委副書記。

肖培也是王岐山的北京舊部。王岐山擔任北京市長期間，肖培曾先後擔任北京市委宣傳部副部長、北京市委副祕書長和北京市文化局長等職務。王岐山升任中紀委書記後，肖培 2014 年 3 月升任副部級的中紀委宣傳部長，2017 年升任中紀委副書記。

李書磊是習近平任中央黨校的舊部。習近平 2008 年任中央黨校校長期間，李書磊升任中央黨校副校長。中共十八大上，李書磊當選中紀委委員，2014 年 1 月「空降」福建任省委常委、宣傳部長，2016 年 1 月出任北京市委常委、市紀委書記，2017 年 1 月升任中紀委副書記。

徐令義是習近平的浙江舊部。習近平主政浙江期間，徐令義先後任浙江省委宣傳部副部長、省委副祕書長、信訪局長等職。中共十八大之後，徐令義轉向紀檢巡視系統，成為習近平、王岐山反腐運動中的「打虎猛將」，曾助習王拿下江派人馬令計劃、孫政才等大批「大老虎」。

至於十名國家監察委委員分別是王鴻津、白少康、鄒加怡、張春生、陳超英、侯凱、姜信治、凌激、崔鵬、盧希，他們本身亦是中紀委委員。

至此，中紀委高層中，除了中紀委書記趙樂際之外，幾乎悉數進入國監委。有報導質疑，在官方強調黨政一體之際，中紀委書記卻沒有兼掌國監委，令人不明所以然。文章還強調楊曉渡與習近平的關係，並指若王岐山續任中紀委書記必然兼任國監委主任，以此暗示楊曉渡或與趙樂際分庭抗禮。

楊曉渡掌控反腐實權 趙樂際被架空

楊曉渡此前說明，成立監察委目的是加強對反腐敗工作的集中統一領導，實現對所有行使公權力的公職人員監察全覆蓋；中紀委與國家監察委要合署辦公。

據官方定性，國家監察委作為「超級反腐機構」，擁有極大的監督權威，一是對所有公職人員監督全覆蓋；二是對各級監察委統一領導；三是擁有監督、調查、處置各環節的權力。「濫權，瀆職，以權謀私，浪費國家資產」等，都將被瞄準。

習王舊部楊曉渡以政治局委員、中紀委副書記、書記處書記等多重身份兼任國家監察委主任，將實際上掌控反腐大權，突顯其在習陣營中權力角色異常吃重，可稱為是繼現任七常委與王岐山之後的「第九常委」。這也令現任政治局常委、中紀委書記趙樂際處境尷尬。

習近平、王岐山十八大期間曾高調定性國家監察體制改革是事關全域的重大政治改革，國家監察委主任一職曾被視為王岐山十九大留任常委而量身訂做的正國級職位。但王岐山在十九大前後遭江澤民集團瘋狂圍攻，最終未能留任常委。

國家監察委在兩會上出台後卻被降格為副國級，內幕尚不得而知。但降格後由副國級高官、習王舊部楊曉渡實際掌管，可將具有江派背景的中紀委書記趙樂際架空。習、王通過楊曉渡可繼續掌控十八大以來建立的紀檢系統親信隊伍、維持反腐高壓態勢。

楊曉渡透露十九大後「打虎」方向

在十九大的首場記者招待會上，有記者問中紀委副書記、監察部長楊曉渡：「已經查處的孫政才、王珉、蘇榮和周本順，他們的貪腐問題不是一天兩天了，但還是得到升遷，這是否意味著對高級領導幹部的監管還是存在著盲區或者是漏洞？」

楊曉渡稱，這個問題「很有意思」，確實曾經出現過一段「寬鬆軟」的時期，讓孫政才、蘇榮、王珉、周本順這樣的腐敗分子有了可乘之機，能夠得逞於一時。

楊曉渡續稱，十九大後打擊腐敗高官的重點——仍然是十八大以來不收斂、不收手；問題線索反應集中，群眾反映強烈；現在重要崗位，而且可能還要提拔使用的領導幹部——若上述「三種情況同時具備，並且政治腐敗和經濟腐敗相交織的，是重中之重（的打擊對象）」。

他強調，中紀委將構建完善黨和國家監督體系，推進國家監察體制改革等，期望奪取反腐敗鬥爭壓倒性勝利。

楊曉渡處理上海法官嫖娼案

2013 年 8 月 2 日，網路爆料上海市高級法院陳雪明、趙明華等五名法官，於 6 月 9 日晚在浦東新區衡山度假村接受吃請、夜總會娛樂，挑選多位小姐作陪，之後又入住四樓客房，集體嫖娼。

爆料人發布的一段視頻顯示，6 月 9 日晚 17 點 52 分，五名男子在一部電梯內，其中兩人被分別用紅圈標注為陳雪明和趙明華，字幕為「五人至一包房內吃請」。21 點 10 分左右，五官員

進入衡山度假村夜總會中最大且最豪華的包房，包房上寫有「鑽石一號」，其間多名女子進出，字幕稱「陳雪明在為五名官員挑選小姐」。

下一場景為多名男女從該包房走出，字幕顯示「23點15分，五名官員搖搖晃晃走出，小姐相伴左右」。

已公開的爆料視頻中，陳雪明與夜總會小姐手挽手下樓梯，另一官員則與小姐勾肩搭背。根據爆料視頻，幾人隨後回到位於四樓的包房休息。次日零點30分許，數名女子陸續上樓，進入幾間包房。約半小時後第一名黑衣女子離開，一小時後其他女子陸續離開。

6月10日9點30分，五位官員乘坐兩輛白色轎車離開。視頻最後有夜總會位址等信息。

上海法官「集體招妓」處為「黨政機關出差（會議）定點飯店」——此認證在衡山度假村銘牌上。

而選小姐的「鑽石一號」為度假村鑽石華庭夜總會最大包房，報價單稱可容30人，價格3800外加服務費200合計4000，還配兩個「點歌公主」。

據衡山度假村官網介紹，其是上海衡山集團獨資建造和管理的三星級酒店。上海市衡山集團是該市國資委投資監管的公司，旗下有八家酒店，其官網稱「是上海市政府的重要接待基地」。

爆料人接受陸媒記者採訪時稱，視頻發出後，他接到了威脅電話。「讓我小心一點」。爆料人表示，視頻是經過剪輯的，自己握有五名官員集體嫖娼的全過程視頻，時長約為2小時。

該爆料人還表示，他同時還掌握上海市高級法院民一庭副庭長趙明華包養二奶以及其在外消費的資料。據查證，趙明華本人

及家屬名下擁有位於上海市中心地區四套無貸款房產，價值逾千萬；未知其是否擁有其他房產。此外，趙明華經常出入位於上海市浦東新區成山路「銀尊夜總會」和長寧區武夷路「夢在上海夜總會」，並且均招小姐。

上海是江澤民的老巢，其在上海的勢力盤根錯節，特別是江澤民侄子吳志明掌控上海政法委多年。當時正值習近平當局審判薄熙來前夕，江派勢力挺薄力量拚命反撲。敏感時刻，上海高等法院官員醜聞被曝光，很可能是習近平一方回擊江派的動作之一。

據港媒後來披露，上海法官集體嫖娼案被曝光後第二天，8月3日，中紀委書記王岐山就下令對上海法官集體嫖娼事件必須一查到底。王稱：「市委書記韓正要親自帶頭從市委常委、委員一級，自我反思、總結、檢查，要向社會公開，接受各界民眾的監督、質詢。」

8月4日，中共中央書記處、中紀委蹲點組，由中央書記處書記、中紀委副書記趙洪祝帶隊進駐上海。趙洪祝在市委擴大會議上傳達中央書記處與中紀委就法官集體嫖娼事件和官場黑、黃情況的指示。

其中有：高院的法官集體召妓嫖娼事件不是個別的、偶爾的，是頂風而上，無視黨紀、國法，在國內外造成極其惡劣影響；黨政機關、部門，和公安、司法部門幹部，包括部分領導幹部，到高級賓館、酒店、會所、度假村等地方搞色情活動存在了相當長時期，情況是嚴重的、複雜的，部分活動涉及貪贓枉法、官黑勾結犯罪；有關黨內、社會，包括境外舉報黨政機關、部門政法、司法系統公職人員，腐敗墮落等信函、材料，一律不准銷毀、不

准私下處理、不准作假、不准塗改等。

據悉，時任上海紀委書記楊曉渡負責處理上海法官嫖娼案，牽頭多部門聯合調查取證。

最後，上海高院副院長、民一庭庭長陳雪明等三名法官，因參與嫖娼活動，分別被開除黨籍，免去相關職務、撤職、開除公職、解除勞動合同並行政拘留十天。

在事後的全市法院系統領導幹部大會上，楊曉渡表示，各級領導幹部對自身要求要嚴，「管住自己的嘴不吃不該吃的飯，管住自己的手不拿不該拿的東西，管住自己的腿不去不該去的地方。」

楊曉渡隨後獲習近平、王岐山重用。2013 年 10 月，楊曉渡上調進京出任中央第三巡視組組長，不到四個月再升任中紀委副書記，不到兩個月再兼任機關黨委書記、中國紀檢監察學院院長等職。

楊曉渡曾主導查辦江曾心腹

作為中紀委副書記，楊曉渡分管第二紀檢監察室（聯繫國務院部門和其他相關單位）、第九紀檢監察室（聯繫陝西、甘肅、青海、寧夏、新疆及新疆生產建設兵團）等。

在上述分管範圍中，2014 年 1 月以來至少已有 24 名副部級及以上的官員落馬，如青海省西寧市委原書記毛小兵、國安部原副部長馬建、國家安監總局原局長楊棟梁、證監會原副主席姚剛、國家統計局原局長王保安、司法部原政治部主任盧恩光、司法部原部長吳愛英等。

其中大多是江派大員，如吳愛英被指是中共前黨魁江澤民的親信，馬建被指是江派二號人物曾慶紅的心腹。

毛小兵案涉江綿恆

2014 年 4 月 25 日，中紀委網站發布消息，青海省委常委、西寧市委書記毛小兵涉嫌嚴重違紀違法，正接受調查。隨後的「雙開」通報指，毛小兵索取、收受巨額賄賂，並與他人通姦。

2017 年 5 月 11 日，毛小兵以「受賄、挪用公款罪」被判處無期徒刑。法院指，毛小兵在擔任西部礦業有限責任公司董事長、西部礦業股份有限公司董事長、西寧市長、西寧市委書記等職務期間，索取、收受賄賂共折合 1.04 億餘元，並挪用公款 4 億元提供他人進行營利活動。

毛小兵生於 1965 年，湖南常德人，1985 年後長期在青海工作，2009 年任西寧市委副書記、代市長，2012 年 5 月任青海省委常委、西寧市委書記。從 2000 年 4 月至 2009 年 4 月的九年間，毛小兵曾任青海國企西部礦業董事長兼總經理。期間，歷任青海省委書記為白恩培（1999 年 6 月至 2001 年 10 月）、蘇榮（2001 年 10 月至 2003 年 8 月）、趙樂際（2003 年 8 月至 2007 年 3 月）、強衛（2007 年 3 月至 2013 年 3 月）。

毛小兵落馬後，有媒體披露，強衛主政青海期間，捲入了毛小兵腐敗案。強衛曾提拔毛小兵，把其培養成自己的心腹。毛小兵還被指與已落馬的中共政協前副主席蘇榮、中石油原董事長蔣潔敏在西寧有交集。強衛、蘇榮、蔣潔敏等人都是江派大員。

不僅如此，毛小兵出事還涉及早年西部礦業 IPO 違規改制上

市，中科院背景企業與該事件有隱祕關聯。毛小兵任職期間，西部礦業實現了 A 股上市。西部礦業 IPO 曾創造資本「神話」，股東之一的上海聯創，光投行承銷傭金進帳超 7000 萬美元，曾遭市場強烈質疑。而上海聯創是在江澤民長子江綿恆的主控下成立，主要股東包括中科院科技促進經濟基金委員會和上海國資控制的上海聯和。

曾慶紅心腹馬建落馬

2015 年 1 月，國安部副部長馬建被調查，是中共十八大以來中共國安系統落馬的最高級別官員。馬建長期在中共國家安全系統任職，2006 年升任國安部副部長。馬建是江西人，與曾慶紅是「老鄉」，1999 年曾慶紅任中共中組部長後廣置親信，上任不久就把 70 多人從處級提升至局級，其中就有馬建。

據報，2003 年曾慶紅任中共中央政治局常委兼港澳協調小組組長，主管港澳事務。他有時召見馬建布置一些「專項任務」。馬建因為「出色完成任務」，使得曾慶紅向時任政法委書記羅干推薦馬建，建議重用。隨後馬建在 2006 年 8 月成為國安部副部長。

馬建曾幫助周永康建立針對北京高層的「祕密資料庫」，為江派打擊政敵；在令計劃與周永康結盟後，馬建又涉周永康、令計劃的陰謀，該資料庫被周令雙方共同充實、利用。

馬建在被抓之後，中共官媒《環球人物》雜誌曾於 2015 年 1 月 16 日發文分析他落馬的可能原因，其中包括：馬建或與北大方正集團前總裁李友被查有關、與令計劃有關、與周永康有關、參與竊聽領導人談話等非法活動。

2016 年 12 月 30 日，中紀委通報，馬建被「雙開」，並移送司法機關處理。

江澤民親信吳愛英落馬

中共十八屆七中全會 10 月 14 日結束當天的通報顯示，吳愛英、孫政才等 12 名中共中央委員會委員因「嚴重違紀問題」被開除中共黨籍。這是當局首次公開處理前司法部長吳愛英落馬的消息。

吳愛英早在山東任副省長、副省委書記時，就積極追隨江澤民迫害法輪功的政策，夥同江派先後兩任山東省委書記吳官正、張高麗一起殘酷迫害法輪功學員。2003 年吳愛英被江澤民提拔到司法部，2005 年升任部長，在司法部掌權長達 12 年。吳愛英曾反對習近平、李克強力推的廢除勞教制度行動。

也有港媒披露，吳愛英是藉助山東的老上司王樂泉攀上周永康而進入政法系。在周永康任中共政法委書記期間，吳愛英一直要律師配合周的「維穩」政策。

吳愛英執掌中共司法部 12 年期間，發生了震驚中外的「709」維權律師大搜捕事件，對大陸律師事業造成很大危害；被外界認為與習近平要求的「依法治國」大唱反調。

2015 年 6 月，中共司法部特別布署了多項針對律師群體的管理措施，引發律界不滿，批其「文革」重現。2016 年 10 月，大陸 100 多名律師和公民曾經聯署，要求罷免吳愛英的司法部長職務，指稱她帶頭的中共司法部領導層長期集體對抗《憲法》、法律。多名參與聯署的維權律師還因此遭到威脅。

結語

2018 年中共兩會上，習近平連任國家主席、軍委主席；王岐山出任國家副主席，李克強連任國務院總理；習近平的親信栗戰書出任全國人大委員長；汪洋任全國政協主席；習近平、王岐山的舊部楊曉渡當選首任國家監察委主任。

這是自胡錦濤 2002 年上台以來 16 年期間，胡習陣營首次全面掌控包括國家主席、副主席、軍委主席、國務院總理、人大委員長、政協主席，以及新成立的國家監察委主任在內的所有最高國家權力。

胡錦濤、溫家寶當政期間，江澤民不僅安插心腹，在常委會將胡溫架空，並在十六大上發動兵變，強行留任軍委主席；江澤民集團二號人物曾慶紅在十六大期間任國家副主席，甚至圖謀國家主席頭銜；江派常委賈慶林盤踞政協主席一職整整 10 年；江派常委吳邦國、張德江先後操控人大共 15 年，延續至習的第一個任期。

與「習王體制」相呼應，習近平確立核心地位後，通過親信人馬全面掌控國家權力機構，已然可以在中共政治局、常委會之外獨立運行一套國家權力體系。可以說，習進行政治轉型所需要的權力基礎已經具備。

聯想到十九大前被放風的習將廢除常委制、建立總統制的說法，「習王體制」的確立，以及習陣營對國家最高權力的全面掌控，為未來習江鬥態勢與中國政局發展帶來極大變數。

第四章

趙樂際黑馬入常
內幕成謎

趙樂際入常前後，有傳其家族與習近平家族頗有淵源，並曾擴建習仲勛墓地以示討好。另一方面，趙樂際早在江澤民當政時期就獲得曾慶紅飛速提拔。十九大前後，趙樂際大祕魏民洲等舊部被火速查辦，折射趙樂際黑馬入常內幕不一般。

趙樂際黑馬入常，接掌中紀委書記，內幕至今不得而知。（Getty Images）

第一節

趙樂際中紀委交接情形未見公開

2018 年中共兩會上，王岐山與趙樂際鮮有互動，令圍繞中紀委書記一職的爭奪戰內幕更加撲朔迷離。（AFP）

　　中共十九大上，趙樂際黑馬入常，接掌中紀委；但其與前任王岐山的交接內情成謎。相反，十九大前夕召開的十八屆中紀委第八次全會出現種種反常現象，以及 2018 年中共兩會上，王岐山與趙樂際鮮有互動，令圍繞中紀委書記一職的爭奪戰內幕更加撲朔迷離。

趙樂際黑馬入常

　　中共十九大召開前，多種版本的常委名單熱傳，熱門人選除了習近平、李克強留任外，主要有栗戰書、汪洋、王岐山、胡春華、陳敏爾、王滬寧、韓正；關於王岐山留任常委，續任中紀委

書記並出任新成立的國家監察委主任的呼聲頗高；另外也傳出習近平的「大內總管」栗戰書將入常接任中紀委書記的消息。

直到臨近十九大召開之際，傳出的常委名單中，胡春華、陳敏爾出局，而政治局委員、中組部長趙樂際成為黑馬人選。

2017 年 10 月 24 日，新一屆中共中央委員會、中紀委名單出爐，趙樂際入圍新一屆兩委名單，成為「雙料委員」。

10 月 25 日，中共十九屆一中全會選出中央政治局委員、常委和總書記，常委人數維持七人制，分別是習近平、李克強、栗戰書、汪洋、王滬寧、趙樂際和韓正；趙樂際排名第六。

當天，中共十九屆中紀委舉行第一次全體會議，選舉產生新一屆 19 名中紀委常委，其中趙樂際當選中紀委書記，上屆副書記楊曉渡、劉金國、李書磊在今屆留任，新當選中紀委副書記五人包括張升民、楊曉超、徐令義、肖培、陳小江。

王岐山與趙樂際交接情形未見公開

習近平第一個五年任期內，王岐山雷厲風行，「打虎運動」高潮迭出；而趙樂際任中央巡視領導小組副組長，成為王岐山的副手，並不顯山露水。趙樂際作為中組部長，風頭也不及習近平的清華系嫡系親信、中組部常務副部長陳希。

十九大前夕，「打虎」拿下江派逾百名高官的王岐山成為江澤民集團重點圍攻對象，新一屆中紀委書記人選成各方焦點。在此背景之下，趙樂際卻能黑馬入常，接掌中紀委書記，內幕至今不得而知。

值得關注的是，中共十九大及新一屆中紀委全會期間，有

關王岐山與趙樂際交接中紀委書記的情形，至今未見任何官方報導，也未見其他管道洩露。

2018 年中共兩會上，王岐山以普通黨員身份強勢回歸，出任國家副主席，與現任七常委同排坐，被稱為「第八常委」，成為海內外媒體的聚焦點。王岐山在兩會主席台上，多次落座在趙樂際身旁，但未見任何有關二人互動的細節被報導。

十八屆中紀委八次全會出現異常

2017 年 10 月 9 日，中共十八屆中紀委最後一次全會、八次全會召開，出現種種反常現象，引發外界猜測。

首先，會期由以往歷次全會的兩至三天壓縮為一天。比如，十七屆中紀委八次全會於 2012 年 11 月 3 日至 4 日召開，歷時兩天；十八屆中紀委七次全會於 2017 年 1 月 6 日至 8 日召開，歷時三天。

其次，官方報導中未見習近平等常委出席。而此前每年召開的中紀委全會上，都有政治局全體常委坐鎮、習近平發表講話。

第三，會議提前至七中全會之前召開，報告也罕見交七中全會審議。中共全國代表大會之前，召開一次紀委全會、一次中央全會本是慣例，過去這兩個會一般先開中央全會，會期多為四天，最後兩天召開紀委全會。

第四，當天下午，中紀委網站發布全會公報，全文僅 310 字，篇幅之短為數十年首次。而且，王岐山講話隻字未提。

第五，中紀委全會召開前夕，10 月 8 日晚，中紀委官網重點專欄「學思踐悟」宣布停刊。

十九大高層權鬥異常激烈

中共十九大於 2017 年 10 月 18 日至 24 日在北京召開，官方消息顯示，中共十九大主席團開了四次會議，包括開幕前一日預備會，及 20 日、23 日和 24 日三次，官媒透露後三次會都由習近平親自主持，內容都與「討論醞釀」新的中央委員、候補中央委員和中央紀委委員候選人名單有關；主席團會議較上一屆多一次，官方沒有透露原因。

有消息稱，這次十九大，高層權鬥異常激烈。因中委名單分歧太大，派系權鬥不止，令當局在大會 24 日結束要表決前，還要加開主席團會議「磋商」。十九大最終人事名單，是各方妥協的結果。

吳官正與賀國強交接現驚人一幕

王岐山與趙樂際交接內情目前不得而知，但中共前幾任中紀委書記交接時出現的異常狀況，洩露高層博弈激烈程度，令人聯想。

江派常委吳官正 2002 年在中共十六大上出任中紀委書記。2007 年中共十七大，吳官正不得不退休。

當十七大開過之後，中共召開十七屆一中全會和新一屆中紀委全會，新任中共政治局常委賀國強取代退休的吳官正，出任中紀委書記，這是中共高層早已內定的人事安排。

按照中共的程式，中紀委全會在選舉賀國強擔任新一屆中紀委書記之後，正式宣告前任中紀委書記任期結束，新任中紀委書

記走馬上任。吳官正發表了一番講話，說其使命已經完成了等。在吳講完話之後，按理應該是由賀國強演講，除了要說一番官話外，也要對其前任進行一番高度評價和肯定。這已成了中共各級班子交接的一個固定慣例。

就在賀國強接過麥克風準備開口之際，收拾完皮包的吳官正卻突然起身。是退席離開還是上衛生間？賀國強無從判斷。賀國強送也不是，不送也不是。猶豫之際，下意識起身朝門口走去相送，但這時吳官正已經大步走出門外。無奈，走了一半的賀國強只得趕緊回身，繼續他的就職演說。台下100多中紀委委員和工作人員都眼睜睜看到了這一幕。門外，吳官正已經上車揚長而去。

吳官正的上述舉動表明，其並非情願退下，因此在交接儀式上很沒風度的上演了一出「不辭而別」的戲碼，以此表達自己的不甘心和對賀國強的敵意。

第二節

江澤民當政時的「政治明星」

趙樂際通過大肆擴建習仲勛墓地等拍馬屁手法，獲得習近平青睞。圖為陝西富平習仲勛紀念館。（新紀元資料室）

　　趙樂際入常前後，傳出趙通過大肆擴建習仲勛墓地等拍馬屁手法，獲得習近平青睞。而趙樂際的仕途軌跡顯示，早在江澤民當政時代，其就已獲得飛速提拔，成為江時代的「政治明星」。

趙樂際擴建習仲勛陵園建「革命基地」

　　中共十九大前後，不曾與習近平共事的趙樂際突然成為入常黑馬。有報導指趙之所以獲習器重，不單止因為兩人是陝西同鄉，更主要是趙樂際主政陝西期間，大肆擴建習父習仲勛故居及墓地，又將習近平插隊當知青時的延安梁家河村，塑造成革命聖地，為習「抬轎」造神，令習龍顏大悅。

2007 年，趙樂際由青海調往陝西擔任省委書記，習近平當時晉身政治局常委及國家副主席，成為新儲君。趙看準時機在習的故鄉大興土木，將位於陝西富平的習仲勛墓地及故居，擴建成陵園及紀念館，規模僅次毛澤東在天安門廣場的紀念堂，定為陝西省「愛國主義教育基地」，也是富平縣紅色旅遊基地。

除此之外，趙樂際還授意當局投巨資，將 70 年代初習近平下鄉插隊當知青所在的延安梁家河村，開闢為「革命傳統教育基地」，投巨資修路、建房，把習當年住的窰洞、用品全部復原，供人參觀接受「革命傳統教育」。

趙樂際堂祖父曾幫習仲勛鳴冤

趙樂際原籍西安，在青海出生，有指其堂祖父趙壽山原為中共高級將領，中共建政後任青海省主席、陝西省長。大陸刊物《炎黃世界》2012 年刊文《習仲勛和趙壽山》，講述兩人事跡，趙壽山原籍陝西省戶縣，習仲勛生於陝西富平縣，二人相差近 20 歲，但在西北共事時結下深厚情誼，當時趙壽山任西北野戰軍副司令員，習仲勛為副政委。

1962 年，時任國務院副總理兼祕書長的習仲勛因小說《劉志丹》被毛澤東打成反黨集團成員。趙壽山得知後找毛親自替習仲勛辯解，趙出發前向友人說：「仲勛這人我了解，他為黨做事早，赤膽忠心，現在叫人冤屈了，我就要替他說這個公道話！」據稱習仲勛聽後很感動，隨後被貶到洛陽勞改，與趙再沒見面。趙壽山彌留之際，還在念叨「仲勛，仲勛」。

趙樂際在江澤民當政時期仕途竄升

趙樂際的父母是由西安前往青海地區支邊的幹部。趙樂際1957年3月出生在青海，並且長期在青海生活、工作。趙樂際父親趙喜民1933年1月10日出生，1999年6月19日去世，早年留學前蘇聯，後來支邊青海。曾經任《青海日報》副總編，80年代初期回到西安，後來任職陝西人民教育出版社社長，育有四個兒子。

1974年9月，趙樂際在中共中央關於知識青年上山下鄉的號令下，到青海貴德縣河東鄉貢巴大隊插隊勞動。僅一年之後，1975年8月，趙樂際就返回城市，在青海省商業廳辦公室當收發兼通訊員。作為最後一屆工農兵大學生，趙樂際於1977年2月進入北京大學哲學系學習，1980年1月畢業。

大學畢業後，趙樂際回到青海省商業廳，歷任政治處宣傳幹部，青海省商業學校教員、教務處副主任，商業廳政治處副主任兼廳團委書記。1984年12月，擔任商業廳下屬的「青海省五金交電化工公司」黨委書記，後來又兼任經理職務。1986年4月，再次返回商業廳任副廳長、財貿工會主席。

1989年「六四」事件後，江澤民踏著學生鮮血，登上中共權力的最高峰。江澤民當政時期，趙樂際的職務一路高升。1991年2月，趙樂際晉升青海省商業廳廳長。1993年2月任青海省長助理、省財政廳長。1994年7月任青海省副省長，1997年3月任中共西寧市委書記。1997年12月任中共青海省委副書記、西寧市委書記。1999年8月任代理省長，2000年1月正式當選青海省長。趙樂際以42歲的年齡，成為當時中國最年輕的省長。2003年8月，

晉升中共青海省委書記，成為當時最年輕的省委書記。

在此期間，幾任中組部長分別為呂楓（任期：1989年12月至1994年10月）、張全景（任期：1994年10月至1999年3月）、曾慶紅（任期：1999年3月至2002年10月）、賀國強（任期：2002年10月至2007年10月）；江澤民的頭號心腹曾慶紅先後任中辦主任與中組部長，實際主導中共人事大權。

在青海工作近三十年後，2007年3月25日，趙樂際接替李建國，出任中共陝西省委書記。在2012年11月15日召開的中共十八屆一中全會上，55歲的趙樂際當選為中共中央政治局委員，同時當選中共中央書記處書記，進而成為中共黨和國家領導人。2012年11月19日，趙樂際兼任中共中央組織部長。

在此期間，江澤民通過常委會「九龍治水」格局及遍布官場的心腹，垂簾聽政，架空胡錦濤、溫家寶，操控黨政軍大權。其中，中辦主任先後為王剛、令計劃，中組部長為賀國強、李源潮；都是江派背景官員。十八大後令計劃落馬；李源潮在十九大上未到齡提前出局。

網曝趙樂際是曾慶紅布下的棋子之一

縱觀趙樂際仕途，在江澤民當政及干政期間，趙在江派窩點青海省一路被提拔，並在十八大黑馬入局，掌管重要的中組部長職務；十九大上，年齡才60歲的趙樂際又黑馬入常。趙樂際的仕途資歷已浮現被江派刻意培養的「接班人選」色彩。

十八大前，江澤民集團正醞釀針對胡錦濤、習近平的政變陰謀；習近平尚未上台，權力根基未穩，在政敵環伺之下，料不敢

大肆擴建父親習仲勛故居及墓地，將自已置於不可掌控的被動處境。

從這種角度而言，受江派栽培的趙樂際在習近平正式上台前，就大肆擴建習父習仲勛故居及墓地，又將習近平插隊當知青時的延安梁家河村，塑造成革命聖地，相當於將習近平與中共政權緊緊捆綁在一起；這與十八大以來習江鬥中，江派利用中共體制捆綁習近平，並進行攪局、反撲的手法如出一轍。趙樂際有此動作，很可能是背後江派更高層人物策劃、設局。

十九大常委名單公布後，社交媒體很快有網友發帖稱，趙樂際是曾慶紅很早就布局下的棋子之一。曾慶紅是「一代帝師」，不是浪得虛名的。布下的棋子不會是一顆。最終，最重要的一顆棋子起了關鍵的作用。趙樂際將連任政治局常委，位置也是最關鍵的中紀委書記，銜接第四第五代的關鍵位置。江、曾兩人付出極大代價，才得以獲取習近平同意 60 歲的趙樂際十九大入常，代替習的鐵桿心腹栗戰書主掌中紀委。

第三節

趙樂際搭檔接連落馬

白恩培擔任青海省長、省委書記時，趙樂際是其忠實部下。2016 年 10 月 9 日白恩培被判處死緩。傳習近平閱讀白恩培上報材料後震怒，下令重判。（新紀元合成圖）

　　青海省是「石油幫」幫主曾慶紅的重要窩點，趙樂際在青海省快速晉升，先後成為當時全國最年輕的省長、省委書記。十八大以來，趙樂際當年在青海省的搭檔與舊部紛紛落馬，已披露的案情顯示他們與江派高層人物關聯密切。

趙樂際在曾慶紅窩點長期任職

　　位於柴達木盆地的青海油田是青海、西藏兩省區重要的產油、供油基地。盆地內礦藏資源豐富，油氣資源量為 46.5 億噸當量，其中石油資源量為 21.5 億噸，天然氣資源量 2 萬 5000 億立方米，是全國陸上油氣勘探的重要地區。江派二號人物曾慶紅作為「石油幫」幫主，在青海長期經營。

　　2004 年底，海外《大紀元》發表《九評共產黨》系列社論，

引發退黨大潮；中共高層極度恐慌，掀起所謂「保持共產黨員先進性教育活動」。據中共官方報導，2005 年 8 月，時任中共中央政治局常委、國家副主席曾慶紅到青海考察，青海省委書記趙樂際、省長宋秀岩等陪同；曾慶紅還就深入開展「先進性教育活動」等問題，同青海省黨政官員進行了座談。

8 月 5 日至 8 日，曾慶紅在青海省委書記趙樂際、省長宋秀岩等陪同下，先後考察了西寧、海東、海北等市地州的一些社區、高科技開發園區和農牧區，參觀了國有、民營和軍工企業及水利、電力等基礎設施建設項目，他對青海近幾年發生的巨大變化給予充分肯定。他還入農戶、進車間、到街頭，並登門看望少數民族老黨員和基層幹部群眾，同他們共商加強民族團結、促進繁榮發展大計。在考察過程中，曾慶紅還就深入開展先進性教育活動等問題，同青海省黨政領導幹部進行了座談，對青海省的工作表示肯定。

趙樂際的搭檔與舊部接連落馬

趙樂際任青海省長時，青海省委書記分別是白恩培（1999 年 6 月至 2001 年 10 月）、蘇榮（2001 年 10 月至 2003 年 8 月）。

蘇榮已於 2014 年 6 月 14 日在全國政協副主席任上落馬；白恩培於 2014 年 8 月 29 日在人大環境與資源保護委員會副主任位置上落馬。

中共青海西寧市委書記毛小兵 2014 年 4 月落馬時，大陸媒體報導隨即將他與政協副主席蘇榮（2014 年 6 月落馬）、前國資委主任蔣潔敏（2013 年 9 月落馬）相提並論，三人曾共事青海官場。

2000 年毛小兵任西部礦業董事長，2000 年 6 月蔣潔敏被空降青海任副省長、省委副書記，2001 年蘇榮被調任青海省委書記。當時蔣潔敏與蘇榮相繼到青海，都是時任中組部長曾慶紅的安排。

時任青海省長的趙樂際與這四名已落馬的省部級或副國級高官仕途上都有密切交集。其中，他與白恩培、蘇榮曾分別擔任青海行政與黨務一把手，是搭檔；蔣潔敏與毛小兵都是其下屬。與蔣潔敏、蘇榮等人一樣，趙樂際在青海省仕途的一路升遷，也是在時任中組部長曾慶紅的操控之下。

白恩培、蘇榮、蔣潔敏等落馬高官分別是周永康、曾慶紅、張德江等江派常委的心腹。而趙樂際主政青海與陝西期間，周永康、曾慶紅、張德江、羅干等江派常委多次到訪考察，趙樂際都一路陪同。

白恩培落馬後，有海外中文媒體披露，在白恩培擔任青海省長、省委書記的四年間，趙樂際一直是白的忠實部下，有線索顯示，趙樂際可能也涉入白恩培案。

白恩培成為十八大後「終身監禁第一官」

白恩培繼任青海省委書記之後，2001 年至 2011 年任雲南省委書記長達 10 年，2011 年 8 月任中共人大環資委副主任，2014 年 8 月 29 日被調查。

2014 年 8 月 31 日，中共江派常委張德江主掌的人大常委會表決通過了香港政改方案，否決了香港民眾對香港特首真普選的訴求，在香港引發強烈抗議。

此前，張德江曾策劃拋出香港白皮書，並策動在江澤民生日當天舉行反佔中遊行，試圖激化香港局勢。江派的目的是通過不斷刺激香港民眾，製造社會混亂，找機會逼習近平下台。

習近平陣營也予以回擊。8月29日，習近平主持召開政治局會議。當天傍晚，中紀委官網公布中共人大環境與資源保護委員會副主任白恩培被調查。白恩培成為十八大後第一個被查的全國人大下屬委員會專職官員。

9月1日，陸媒釋放出將要公審中共前政治局常委周永康的信息；9月3日，白恩培的人大環境與資源保護委員會副主任職務被免。

2016年10月9日，河南省安陽市中級法院宣判，白恩培受賄金額逾2.46億元人民幣，另有巨額財產來源不明，被判處死刑，緩期二年執行，剝奪政治權利終身，並處沒收個人全部財產，在其死刑緩期執行二年期滿依法減為無期徒刑後，終身監禁，不得減刑、假釋。

這一判決使得白恩培成為刑法修正案（九）實施後第一個被判死緩的部級高官，也成為刑法修正案（九）施行以來被判終身監禁第一人。

習近平一度想下令槍斃白恩培

白恩培不僅涉嫌涉江派周永康案，曾向周永康之子周濱行巨額賄賂，而且還涉嫌令計劃案，及孔垂柱、沈培平、仇和、張田欣、蘇榮、蔣潔敏、毛小兵、劉漢等一大批省部級貪官、重大案犯。貪腐數額創下官方公布的中共貪官紀錄。

有消息稱，傳習近平閱讀上報材料後，批語：罪大惡極，令人髮指！

白恩培落馬後，2015 年中共兩會期間的 3 月 4 日，中共政協僑聯小組會向境外記者開放，會上曝出在白恩培家中查獲 37 億元。

當時，中共政協委員在談落馬的白恩培、周永康等人時，香港宣威集團董事長浦江直言：「（白恩培）家中查到 37 個億呀，外面才報一兩個億！」

外界推測，白恩培「不能說明來源的巨額財產」，極有可能包括這「37 個億」，或因此引發習近平下的批語「罪大惡極，令人髮指」。

據海外中文媒體報導，白恩培是陝西榆林清澗縣人，和習近平稱得上是老鄉。白恩培擔任延安地委書記，習近平擔任寧德地委書記期間，二人曾有書信、電話往來。

因為這層關係，白恩培家族在他出事後，曾多方找人向習近平、王岐山說情，其中也找了陝西省委書記出身的白恩培老部下趙樂際（時任中組部長）。但因白恩培案涉習近平決心打掉的周永康、令計劃、薄熙來集團，所以習王沒有留任何情面。

傳習近平一度想下令槍斃白恩培，但在政治局會議上，接受了劉雲山、趙樂際、孟建柱等人建議，考慮白恩培已經年過 70，最終決定實行終身監禁。

中共六中全會召開前夕，習近平重判白恩培入獄囚終身，除了再次表明北京鐵腕反腐決心不變外，亦傳達出強烈的警示訊息。

2016 年 10 月 24 日召開的中共六中全會，主要研究全面從嚴

治黨問題，修訂被指嚴於法律的黨內「監督條例」，因此，重判白恩培或是要警示全黨，習近平通過的鐵律，絕不是一紙空文，而是動真格的。

分析還認為，白恩培被重判的原因就是與周永康關係密切，且被指違反政治規矩，顯示中央欲以白恩培為即將在六中全會通過的黨內「監督條例」祭旗，警告黨內所有官員，必須嚴格遵守政治規矩，任何人，包括已退休的中共高層，都不能無視黨紀，否則有可能與白恩培一樣下場，將牢底坐穿。

白恩培同劉漢、周永康關係密切

多位雲南省在職、退休的省級官員均表示，白恩培事發或因牽扯劉漢一案。兩人的後台同樣都是周永康。

雲南省政協原副主席楊維駿及另一雲南省退休高官向《第一財經日報》記者證實，白恩培曾向有關調查部門交代，為了蘭坪鉛鋅礦的順利交易，周永康曾親自致電他，希望照顧劉漢旗下的礦產生意。

劉漢等人也開始與白恩培密切交往，並成為其座上賓。去雲南省委大院拜年時，劉漢還送過翡翠手鐲、鑽石、名表等禮品。有時候送完禮就開始打麻將，劉每次會帶 10 萬元左右，輸完錢才走。

據悉，劉漢等人在收購該項目之初，曾遭到雲南冶金集團原董事長陳智的極力反對，陳智為此曾上書白恩培等主要領導，但都石沉大海。

有了白恩培的指示，以劉漢所控制公司為第二大股東的宏達

集團，順利完成了收購事項。公開資料顯示，宏達集團當時以 1.53 億元收購了上述礦業 60％的股權。即使不按楊維駿材料顯示額 5000 億元價值估算，據雲南媒體公開報導，該礦開發之初，當時經雲南有關部門測評，價值也在 1000 億元左右。

實際上，白培恩與劉漢有交集，因為他們的後台都是周永康。白恩培主政青海省期間也同周永康的馬仔蔣潔敏（時任青海副省長）及中共青海省委常委、西寧市委書記毛小兵（時任青海西部礦業集團董事長、總經理）有交集。

白恩培積極鎮壓法輪功 涉多起命案

江澤民自 1999 年 7 月起公開鎮壓法輪功。為讓各級政府能充當迫害工具，雲南先後三名省委書記令狐安、白恩培、秦光榮，都為了仕途成為鎮壓法輪功的急先鋒。

1999 年 11 月 3 日，時任雲南政法委書記秦光榮主持，召開各地州市領導、大專院校黨委書記等共二百多人參加會議，省委副書記王天璽代表書記令狐安講話，要求各級中共黨組織「統一認識，奪取與法輪功鬥爭的徹底勝利」。

2000 年 1 月，省委書記令狐安親自主持召開「常委會」，專門研究布署了對法輪功學員的所謂「教育轉化方案」。雲南省建水縣臨安鎮副鎮長孔慶黃 2000 年 6 月 9 日到北京天安門為法輪功鳴冤，9 月 3 日就被活活迫害致死。

白恩培從 2001 年至 2011 年主政雲南十年期間，在周永康指揮下繼續執行江的迫害政策。白恩培在任期內耗資興建了「雲南省法輪功轉化基地」。期間，至少有 11 名法輪功學員被迫害致死，

其中包括一名年僅 24 歲的殘疾女孩楊蘇紅。

據《明慧網》報導，雲南也是開展器官移植手術醫院最多的省份之一。江澤民開始迫害法輪功三個月後，雲南省就實施了首例肝移植手術，之後移植手術更是迅猛增長，進行過器官移植的醫院高達 40 多家。外界還懷疑雲南存在關押法輪功學員的人體器官庫。

大陸微信「政知圈」還曾披露，落馬的雲南省第一人民醫院前院長王天朝與白恩培關係密切，其院長一職就是靠著巴結白恩培當上的。而王天朝作為雲南第一人民醫院院長，涉嫌參與活摘器官罪行。

蘇榮「家族式腐敗」被判無期徒刑

2017 年 1 月 23 日，山東濟南市中級法院對全國政協前副主蘇榮「受賄、濫用職權、巨額財產來源不明案」宣判，蘇榮以「受賄罪」被判無期徒刑，並處沒收個人全部財產；以「濫用職權罪」判刑七年；以「巨額財產來源不明罪」判刑七年；數罪併罰，決定執行無期徒刑，並處沒收個人全部財產。

通報稱，2002 年至 2014 年，蘇榮為他人在企業經營、職務晉升調整等事項上謀取利益，本人直接或通過他人收受相關單位和個人財物共計 1.16 億餘元；濫用職權，致使國家財產遭受重大損失；此外，蘇對 8027 萬餘元的財產不能說明來源。

2014 年 6 月 14 日，蘇榮被調查；2015 年 2 月，蘇榮被立案審查及被「雙開」；2016 年 12 月 29 日，蘇榮案一審開庭。

中共高官曾公開表示，蘇榮案是典型的「家族式腐敗」，家

裡面從老到小、從男到女都有參與。

蘇榮家庭至少有 13 名成員涉案；包括蘇榮的妻子于麗芳、兒子蘇鐵志、外甥及蘇榮的女婿、湖南張家界市前副市長程丹峰等已被調查。其中，妻子于麗芳捲入最深。

據報，蘇榮被查後，交代了至少數十名江西現任官員，其中包括大約 20 名廳級以上官員。

蘇榮是曾慶紅的心腹

蘇榮是江派二號人物曾慶紅一手提拔上來的官員。蘇榮任中共政協副主席之前，歷任吉林省委副書記、青海省委書記、甘肅省委書記、江西省委書記。

1999 年，江澤民集團開始瘋狂迫害法輪功。蘇榮曾任吉林省「610」（迫害法輪功機構）辦公室組長。其主政期間，吉林省成為迫害法輪功致死人數最多的省份之一，位居全國第二。

蘇榮因積極迫害法輪功而在仕途上飛黃騰達，也因殘酷迫害法輪功，被海外「追查迫害法輪功國際組織」列入追查名單，起訴罪名是「群體滅絕罪、酷刑罪、反人類罪」。

2004 年 11 月底，時任甘肅省委書記蘇榮出訪贊比亞期間，被海外法輪功學員告上贊比亞高等法院，法院要求蘇榮出庭、等候傳訊。而蘇榮卻在當地中共使館協助下偷越邊境，倉皇逃離贊比亞。

2006 年，在時任中共中央黨校校長曾慶紅的安排下，被「國際通緝」的蘇榮由甘肅省委書記轉任中央黨校任常務副校長一年。2007 年，蘇榮又在曾的大力相助下，調到曾慶紅的老家江西

任省委書記。

最早實名舉報華潤高層貪腐的前《山西晚報》記者李建軍曾透露，蘇榮被查與華潤有關係，蘇榮與華潤前董事長宋林關係非常好。華潤在江西曾用 40 多億買了個破爛超市。他表示，蘇榮和宋林背後這些人有關係，這個案子整個連起來成一體化。而宋林也一直被認為是曾慶紅的心腹。

蘇榮與周永康關係密切

2014 年 6 月 18 日，《搜狐財經》起底蘇榮同已經落馬的中石油原總裁蔣潔敏及其老領導（周永康）的密切關係。

《搜狐財經》報導，2003 年 8 月，蘇榮調任甘肅省委書記。2004 年 4 月，蔣潔敏也調回中國石油擔任副總經理。並且蔣潔敏給蘇榮送來了一份超級「大禮」：一個年產 70 萬噸乙烯改擴建工程。

該工程總投資近 70 億元，由惠生工程（中國）有限公司總承包，該公司老闆正是因「中石油窩案」被帶走調查的華邦嵩。據此前報導，惠生工程是周永康之子周斌的公司，華邦嵩只是幕前的老闆。

另外，2005 年 1 月 29 日至 2 月 1 日，時任甘肅省委書記蘇榮陪同蔣潔敏的「老領導」到甘肅省嘉峪關、酒泉、張掖、武威、蘭州等地調研。2011 年 6 月 11 日，該領導通過電話向時任江西省委書記蘇榮詳細詢問了解江西當前汛情、災情。該領導也於 2009 年 11 月赴江西考察，蘇榮陪同考察。2012 年兩會上，該領導參加了江西代表團參加審議，會後，蘇榮還表揚了參與報導

的江西新聞工作者對該領導的報導做得好。

　　《搜狐財經》的報導並未透露這位老領導是誰，但是經過查證大陸媒體的報導，該「領導」正是當時已經被控制但未正式拋出的前政法委書記周永康。

蘇榮是張德江「吉林幫」要員

　　蘇榮，吉林洮南人，於 1992 年當選吉林省委常委、祕書長。這時的張德江擔任吉林省委副書記兼延邊州委書記，直至 1995 年。1995 年張德江接替回良玉升任吉林省委書記後，接替他擔任延邊自治州委書記的正是蘇榮。1996 年，蘇榮又被提拔為吉林省委副書記，成為張德江的副手，直至 2001 年。

　　蘇榮與張德江的密切關係不言而喻。蘇榮被外界認為是「吉林幫」成員，「吉林幫」的幫主是江派常委張德江。

　　早前，江澤民在長春一汽工作，對吉林「有感情」，因此「吉林出高官」，蘇榮與中共政治局常委張德江，以及江澤民時期中辦主任王剛，前統戰部長杜青林等，同被外界稱為「吉林幫」。

　　2014 年 6 月 10 日，中共國務院新聞辦突然詭異拋出強調「一國」權限的「一國兩制」白皮書。6 月 14 日，蘇榮落馬，此時距江派拋出香港白皮書僅四天。

　　據悉，「白皮書」事件是由江澤民集團策劃拋出在香港攪局，給習近平難堪和施壓。事件是江澤民集團的台前人物、港澳小組組長張德江和把持宣傳口的劉雲山雙方「合作」的結果。蘇榮被拋出，針對張德江的意味明顯。

蔣潔敏判監 16 年

蔣潔敏，山東陽信人，歷任山東勝利石油管理局副局長，青海石油管理局長，中國石油集團總經理助理，中石油董事、副總裁，青海省副省長，青海省委常委、省委副書記，中石油副總經理、總經理，中石油副董事長、總裁、董事長等職。

蔣潔敏 2011 年 4 月起出任中國石油集團董事長，直至 2013 年 3 月出任國務院國有資產監督管理委員會主任。但僅僅半年之後，2013 年 9 月 1 日，中紀委通報蔣潔敏被調查。

2014 年 6 月 30 日，蔣潔敏被雙開，移送司法機關處理。2015 年 3 月 19 日，蔣潔敏涉嫌受賄、巨額財產來源不明、國有公司人員濫用職權一案，被提起公訴。

2015 年 4 月 13 日，蔣潔敏一案開庭審理，檢察院認定其收受 14 個單位和個人財物累計 1403.9073 萬元，以及有 1482.6174 萬元的巨額財產不能說明來源。2004 年至 2008 年受周永康之託，利用職權為他人獲取非法利益。當天蔣潔敏出庭受審，頭髮斑白。蔣潔敏當庭認罪，其在庭上最後陳述稱：「我認罪、悔罪。」

2015 年 10 月 12 日，湖北省漢江中級法院一審公開宣判蔣潔敏受賄、巨額財產來源不明、國有公司人員濫用職權案；一審判處有期徒刑 16 年，並處沒收個人財產人民幣 100 萬元。蔣潔敏當庭表示服判，不上訴。

法庭查明，蔣潔敏在 2004 至 08 年，在周永康指使下違反規定，為他人開展經營活動提供幫助，令國家利益遭受特別重大損失。他又在 2004 至 2013 年，利用職務便利為他人在項目建設、職務調整等事項上謀取利益，受賄逾 1400 萬元人民幣。蔣被捕後

主動交代偵查機關尚未掌握的受賄事實，有自首表現。

中石油是周永康家族的錢袋子和印鈔機

作為中國石油壟斷行業的代表，號稱「兩桶油」的中石油、中石化一直掌控在中共前國家副主席曾慶紅、前政治局常委及政法委書記周永康手上。過去十多年，中石油成了周永康家族的錢袋子和印鈔機。

中石油是中共國務院直屬央企巨頭，一度是亞洲最賺錢的企業，中國大陸油氣供應的主力。蔣潔敏有 37 年時間在石油系統工作，是中石油的關鍵人物。蔣潔敏被中共江澤民集團擬定為政變後中共國務院副總理人選。

蔣潔敏還牽連洗錢大案，據調查顯示，中石油大項目、高額投保採購等都有洗錢公司涉入其中，觸角遍布中石油上下，案情複雜，涉案金額巨大。蔣潔敏被查對周永康的「殺傷力」最大。據悉，蔣潔敏被查處後，把知道的事和人全供了出來，交代了 3000 億遼河油田被周永康家族以 1000 萬收購的黑幕。

蔣潔敏為周永康迫害法輪功提供資金

據報，周永康家族兩大金庫之一是石油系統的蔣潔敏與周永康的前祕書李華林。他們倆搭檔，通過周永康的兒子周濱的岳父母給周家輸送上百億美元的利益。

蔣潔敏在任期間包攬所有中石油基建工程，包括中石油多個海外工程項目，國內多個石化項目，年入十億以上。蔣還從中石

油帳內為周永康直接提供迫害法輪功的資金，恐嚇部下，而且身上揹負多宗命案。

周永康 1999 年至 2002 年任中共四川省委書記，從上任開始，一直極力推動並直接參與對法輪功學員的迫害，其任職期間，四川成為當時全國迫害法輪功學員致死人數最多的省份之一。

周永康掌控的中共政法委，不僅勞教、濫施酷刑、精神虐待法輪功學員，甚至活體摘取法輪功學員的器官、販賣屍體牟利，無數法輪功學員被迫害致死。

蔣潔敏深陷令計劃案

蔣潔敏被調查，還與 2012 年 3 月 18 日北京發生的一起「法拉利車禍事件」處理有關。蔣潔敏曾從中石油轉出鉅款給車禍兩名受重傷女子的家屬作為「封口費」。

2014 年 12 月 22 日，中共政協副主席、統戰部長令計劃落馬。據報，為掩蓋兒子在法拉利車禍中死亡的醜聞，令計劃與周永康達成了某些約定，並且聯手成立了一個二人小組。而令計劃妻子谷麗萍的弟弟、黑龍江原公安廳副廳長谷源旭及時任政法委祕書長、原河北省委書記周本順也參與其中。

有知情者透露，蔣潔敏被查處後，就像水龍頭全部擰開，把知道的那點事和人全供出來了。知情者說，蔣潔敏的背後有大小「老虎」，其中就包括前政法委書記周永康和前中共國家副主席曾慶紅等。

第四節

前大祕魏民洲十九大前被火速查處

趙樂際（右）的前大祕、原西安市委書記魏民洲（左）被通報「搞政治投機和政治攀附」。其攀附的對象是誰？（新紀元合成圖）

　　十九大前後，習近平、王岐山的紀檢系統親信人馬不斷發力，與趙樂際關係密切的陝西高官魏民洲與馮新柱相繼落馬，親習陣營媒體接連起底魏民洲，並點名其是趙樂際大祕。這些跡象突顯中南海政局與「打虎」局勢詭異。

王岐山派巡視組對陝西殺「回馬槍」

　　2017 年中共兩會前夕，王岐山派出中央巡視組對 29 所中管高校開展專項巡視以及對陝西等四個省區進行「回頭看」巡視。3 月 10 日，中紀委通報，中央巡視組已陸續進駐上述地區和單位並召開動員會。

其中，3月1日上午，徐令義帶隊的中央第十一巡視組對陝西省開展巡視「回頭看」工作動員會召開。徐令義曾擔任中紀委駐中辦紀檢組長，大力清洗令計劃的中辦舊部。在2016年的「回頭看」中，徐令義帶隊進駐江西、河南、北京、重慶。

2月28日、3月1日，中央第十五巡視組分別召開專項巡視西北農林科技大學、西北工業大學、西安交通大學工作動員會。其中，西北農林科技大學位於陝西省咸陽市，西北工業大學與西安交通大學均位於陝西西安市。

3月10日，中紀委官網援引陝西省紀委消息通報，西安工業大學黨委書記苗潤才「涉嫌違紀」被審查；中陝核工業集團公司原董事長張寬民、中陝核工業集團公司原黨委副書記、紀委書記楊建勛「涉嫌嚴重違紀」被審查。

趙樂際前大祕魏民洲被「秒殺」

王岐山派巡視組殺「回馬槍」之後，2017年5月22日上午，已經轉任陝西省人大常委會黨組副書記、副主任的魏民洲，出席陝西省人大常委會機關歡送赴西安市掛職幹部大會。當晚18點30分的《陝西新聞聯播》播報了此次會議，電視畫面中，平日以笑瞇瞇模樣示人的魏民洲坐在主席台上，神情落寞。這是他最後一次公開露面。

三小時後，中央紀委監察部網站發布消息，魏民洲涉嫌嚴重違紀，正接受組織審查。61歲的魏民洲在陝西經營超過三十年的宦海生涯戛然而止。知情人透露，魏民洲聽到接受審查時，當即癱倒在地。

魏民洲的出事有前兆。大陸微信公號「粉巷君」曾披露，之前西安市屬國企某集團董事長李某某已被「雙規」，被一併帶走的還有其下屬子公司職工、監事張某某，張曾一度擔任該集團下屬的物業公司副總經理，而張是魏民洲的妻弟。魏民洲妻弟所在的這家公司，一度承攬了陝西、西安部分政府機關大院的物業服務。

《北京青年報》微信公號「政知圈」隨後發文稱，魏民洲到省人大常委會任職不過四個多月。對西安乃至陝西人來說，魏民洲更廣為人知的職務是西安市原市委書記。在這個陝西省會城市，他主政了四年半時間。

與魏民洲接觸過的當地人士表示，魏民洲平時給人的印象是，走到哪裡都「笑眯眯」的。在其主政西安期間，基本上周六、日都要休息，他的下屬勞動強度並不大。

在西安歷任市委書記中，魏民洲的口碑最差。坊間以「懶政、惰政」作為對其的總結，認為其對西安的發展滯後負有責任。

一位不願具名的人士告訴「政知圈」，在魏民洲調任西安之前，西安的經濟實力和地位能夠與成都等省會城市相比，然而魏主政的這幾年，西安的發展明顯滯後。

魏民洲 1956 年 8 月 24 日生於陝西華陰，1985 年 1 月至 1996 年 6 月，歷任中共共青團陝西省委青工部副部長、部長、省青年企業家協會副會長兼祕書長；1996 年 6 月至 1998 年 2 月，任共青團陝西省委副書記、省青年企業家協會會長。魏民洲在共青團系統任職長達十餘年。

1998 年 2 月至 2007 年 5 月，魏民洲歷任陝西商洛地委常委、副書記、市長、市委書記；2007 年 5 月至 12 月，任中共陝西省

委常委；2007 年 12 月至 2012 年 6 月，任中共陝西省委常委、祕書長；期間，2007 年 3 月至 2012 年 11 月，趙樂際任陝西省委書記。魏民洲擔任趙樂際的大祕，與趙有五年共事經歷。

2012 年 6 月至 2016 年 12 月，魏民洲任中共陝西省委常委、西安市委書記；2017 年 1 月至落馬前，任陝西省人大常委會副主任。

就在魏民洲卸任西安書記不久，1 月 8 日，中共西安市委前常委、組織部長鍾健能受到行政撤職處分，降為主任科員。鍾健能於 2011 年 1 月至 2016 年 11 月期間，任西安市委常委、組織部長。

魏民洲被火速查辦

2017 年中共北戴河會議期間，8 月 3 日，中紀委通報，陝西省人大常委會原黨組副書記、副主任魏民洲「嚴重違紀」，「搞政治投機和政治攀附」，政治品行敗壞，對抗組織審查，且涉嫌受賄，被開除黨籍和公職。通報還指其十八大後仍不收斂、不收手，性質十分惡劣、情節特別嚴重。

其中，「搞政治投機和政治攀附」、十八大後仍不收斂、不收手，罕見出現在中紀委通報中，引外界猜測。

魏民洲在趙樂際任陝西省委書記後被提拔為祕書長，成為趙的大祕；十八大前夕，趙樂際升任中組部長及政治局委員前夕，2012 年 6 月，魏民洲被安排為陝西省會西安市委書記。趙樂際十八大後進入政治局，升任中組部長，主管官員升遷事務。作為趙樂際的前大祕，魏民洲十八大後仍不收手，搞政治投機和政治攀

附，其與趙樂際之間的仕途關係令人聯想。

值得關注的是，魏民洲被「雙開」當天，8月3日，趙樂際在中共黨刊《求是》發文，力捧王岐山主導的巡視活動，並三次提及「習核心」。敏感時刻，趙樂際公開向習、王輸誠的舉動，與魏民洲被查處之間的關聯性，不難想像。當時有港媒解讀稱，「親信落馬，趙樂際投誠渡危機」。

8月8日，魏民洲以涉嫌受賄罪被立案偵查並採取強制措施。8月22日，魏民洲被逮捕。

十九大前夕敏感期，魏民洲落馬3個月內，迅速被「雙開」、移送司法、立案審查、逮捕，查處速度遠超其他落馬的省部級官員。

親習媒體曝「趙樂際原大祕貪腐細節」

2017年12月20日，多維新聞網發表報導《魏民洲貪腐細節曝光：送令計劃妻子名貴字畫》；而在其首頁上，報導標題為「趙樂際原大祕貪腐細節曝光：送令計劃妻子名貴字畫」。

報導稱，自中共陝西省委「大祕」魏民洲落馬以來，各種貪腐細節被爆出，最新消息顯示，魏民洲通過一位商人送給已落馬的中共統戰部原部長令計劃妻子谷麗萍一幅名貴字畫。

文章援引陸媒財經網報導稱，陝西省一位高層官員透露，紀委辦案過程中發現的線索，是魏民洲通過一位商人送給令計劃妻子谷麗萍的一幅名貴字畫。

文章說，公開資料顯示，魏民洲任陝西省委常委兼省委祕書長時，陝西省委書記為現任中紀委書記趙樂際。2007年5月，51

歲的魏民洲當選陝西省委常委，躋身副省級，後任省委祕書長，2012 年 6 月轉任西安市委書記。在中國，省委祕書長一般被視為省委書記的大管家。

文章援引港媒報導指，趙樂際 2007 年由青海省委書記調任陝西省委書記，魏民洲於當年年底由商洛市委書記調任陝西省委祕書長。趙樂際於 2012 年調升中組部長躋身政治局，魏民洲也於當年離任祕書長，改任西安市委書記。

多維新聞網總部設在北京，近年來頻頻替習陣營發聲，被認為是「親習黨媒」。

2017 年 12 月 24 日，大陸《財新周刊》雜誌發表題為「魏民洲西安沉浮錄」的長文。文章介紹，從地方共青團步入仕途的魏民洲，在處級崗位上曾待了 10 年。1996 年 6 月，40 歲的魏民洲終於升任副廳級的共青團陝西省委副書記。1998 年 2 月，魏民洲調至商洛擔任地委副書記，此後先後出任商洛市長、商洛市委書記。

文章稱，在商洛的九年多，魏民洲學會了官場厚黑學，一當地人士說，其「聰明才智都用在往上爬了」。

一名曾在商洛任職的官員說，魏民洲很會拉攏人，一方面常常把人事會議上的內容私下透露給相關人員封官許願，另一方面又拿著舉報材料告訴被舉報官員，提醒官員注意，並表示他願意幫忙。一位同僚回憶到，2003 至 2004 年期間，魏民洲曾看到他收到中央辦公廳寄來的信件，便詢問能否聯繫上當時主持常務工作的中辦副主任令計劃。

據報，魏民洲調至商洛後，曾通過任職團省委時結交的金花集團董事長吳一堅，與令計劃拉上了關係。2005 年 9 月，令計劃

的弟弟令完成曾參加吳一堅經營的高爾夫俱樂部名人邀請賽，並獲得冠軍。魏民洲多次出入該高爾夫球俱樂部，結識了令完成，然後通過令完成認識了令計劃及其妻子谷麗萍。

報導稱，魏民洲擔任省委祕書長後，其與令計劃的關係在陝西已頗為公開。魏民洲大談其與令計劃關係如何親密，期間曾多次接待到西安的令計劃妻子、中國青年創業國際計畫（YBC）總幹事谷麗萍。魏民洲的多年老友吳一堅還擔任了YBC的創業導師。

另外，魏民洲任西安市委書記後不久，令計劃曾幾次到過西安，均由魏民洲陪同吃飯。多名知情人士還透露，魏民洲曾向令計劃贈送過名家字畫。

2007年12月，魏民洲出任陝西省委常委、省委祕書長；2012年6月接替轉任陝西省委副書記的孫清雲任省會城市西安的市委書記。

陝西官場人士認為，魏民洲當上西安市委書記，曾得到時任中共中央書記處書記、中辦主任令計劃的大力支持。

報導說，魏民洲還攀附上了時任中辦副主任王仲田。王仲田曾長期在中共中央黨校任教，後來在中辦調研室、祕書局任職，2011年9月至2015年1月任中辦副主任。魏民洲曾三次到中央黨校學習。

據報，在王仲田的介紹引薦下，魏民洲初到西安，即獲得了王仲田在陝西師範大學政教系任教時的學生、西咸新區管委會副主任、涇河新城黨委書記兼管委會主任李益民的「效忠」。魏民洲還將自己的兒子魏山安排在涇河新城管委會任招商局副局長。

2014年12月令計劃落馬後，次年1月王仲田轉任國務院南

水北調辦公室副主任。2017 年 1 月王仲田「因嚴重違紀」被撤銷黨內職務。

同年 5 月魏民洲落馬，6 月李益民也落馬。12 月中紀委的文章指，李益民在政治上攀附魏民洲，涉嫌受賄人民幣 563.6 萬元、美元 25 萬元、歐元 5 萬元。

財新傳媒與習陣營關係密切，曾多次率先披露即將落馬貪官的消息，並深度披露「大老虎」案件內幕。

習當局已將令計劃與薄熙來、周永康、郭伯雄、徐才厚、孫政才並列，稱六人「陰謀篡黨奪權」。十九大之後，財新傳媒長文披露魏民洲與令計劃之間的勾連；多維新聞網報導魏民洲貪腐細節，揭露其與令計劃案的關聯，並特別高調點出魏民洲是現任中紀委書記趙樂際的原大祕，釋放的政治信號不容忽視。

陝西省副省長馮新柱成 2018 年「首虎」

中共中紀委網站 1 月 3 日消息稱，陝西省副省長馮新柱「涉嫌嚴重違紀」，目前正接受審查。官方未提及馮新柱因何事被查。

馮新柱落馬，成為 2018 年「首虎」；也是十九大之後，繼遼寧副省長劉強之後又一名在職副省長落馬。

3 月 31 日，馮新柱因「嚴重違紀問題」被立案審查。馮新柱被指利用分管扶貧工作職權謀取私利，與相關人員訂立攻守同盟，對抗審查；長期接受私營企業主安排的宴請和旅遊，接受公款宴請；應私營企業主請託，違規選拔任用幹部；收受禮品、禮金；違反生活紀律。為他人謀取利益並收受巨額財物涉嫌受賄犯罪。

馮新柱還被指道德敗壞，腐化變質，在十八大後不收斂、不

收手。因此，開除馮新柱中共黨籍和公職。

57 歲的馮新柱是陝西本土官員，歷任陝西省農電管理局財務處長、農電管理局副局長；2001 年 6 月起先後任陝西省銅川市副市長、常務副市長、市委副書記、代理市長、市長；2011 年 1 月任銅川市委書記；2015 年 4 月任陝西省副省長。

馮新柱是趙樂際的舊部

值得關注的是，馮新柱與現任常委、中紀委書記趙樂際仕途有交集。趙樂際 2007 年 3 月至 2012 年 11 月任陝西省委書記期間，馮新柱一直在銅川任職，並在 2011 年 1 月被提拔為銅川市委書記。十八大後趙樂際進入政治局，任中組部長，主導副省部級人事任免；期間，馮新柱 2015 年 4 月升任陝西省副省長。

公開報導顯示，趙樂際任陝西省委書記期間，曾多次到銅川考察、調研，馮新柱均一路陪同。2011 年 9 月 27 日，銅川市人大官網曾以標題《常委會機關召開學習趙樂際、馮新柱同志署名文章大會》發表報導。

2012 年《中國經營報》發表報導《治陝五年 趙樂際置下「大家當」》。報導稱，保障房建設是趙樂際主政陝西的主要政績，2011 年，國家分配給陝西省保障房建設總數達 47.43 萬套，該省全年新開工建設 48.13 萬套，達到目標任務的 107％，竣工 20.1 萬套，保障性住房建設的各項指標均位居全國前列。

報導特別提到，銅川市保障房建設進度是全陝西省第一位；時任銅川市委書記馮新柱介紹，2011 年該市共開工建設各類保障性住房 3.4 萬套，超過省下達任務 30.8％，「我們通過建設保障房，

爭取到了中央和省級各類資金多達 4.87 億元。這筆錢,相當於中央和陝西省無償撥付給銅川的,既不付利息,也不還本金,顯然,這是以前無法想像的。」陝西省還專門獎勵銅川市 5000 萬元,以資鼓勵。

馮新柱長期在銅川任職,其落馬是否與銅川的房地產腐敗有關,值得關注。

馮新柱或被之江新軍陳章永查辦

中紀委監察部機關內設 12 個紀檢監察室,其職責包括負責查辦聯繫單位中管幹部的「違紀違法」案件等。其中,九室負責聯繫陝西省、甘肅省、青海省、寧夏回族自治區、新疆維吾爾自治區和新疆生產建設兵團。

2017 年,中紀委第九紀檢監察室主任兩次換人。2 月,中共國家發改委就業司前司長蒲宇飛接替劉學新任紀檢九室主任。九個月後,浙江寧波紀委書記陳章永出任中紀委第九紀檢監察室主任。

現年 54 歲的陳章永長期在浙江省擔任紀檢工作,算是習近平之江新軍中的一員。馮新柱成為陳章永主掌第九紀檢監察室後拿下的第一個省部級高官。

與中紀委書記趙樂際關係密切的馮新柱成為 2018 年「首虎」,頗令人意外。十九大前後,趙樂際的大祕魏民洲與舊部馮新柱相繼被查處,令人懷疑,中南海現在到底是誰在主導「打虎」行動?

趙樂際搭檔趙正永落選人大政協高層名單

2018 年中共兩會上，新一屆全國人大與政協高層名單出爐，幾乎所有從中央部委卸職的省部級高官都被列入人大副委員長、政協副主席，或者人大與政協的常務委員、主任或副主任委員等序列。

但有五名卸任省委書記未能按慣例入選新一屆全國人大與政協。他們分別是前湖南省委書記徐守盛、前山東省委書記姜異康、前內蒙古自治區書記王君、前安徽省委書記王學軍、前陝西省委書記趙正永。而這五名省部級高官近年來均傳出處境不妙的信號。

現年 67 歲的趙正永自 1998 年至 2001 年，歷任安徽省公安廳長、政法委書記；2001 年 6 月調任陝西省政法委書記。在趙樂際主政陝西期間，2010 年 6 月開始，趙正永歷任陝西省委副書記、代理省長、省長；2012 年 11 月，接替趙樂際升任陝西省委書記；2016 年 3 月底，卸任中共陝西省委書記。

已落馬的魏民洲、馮新柱都是陝西本土官員，與趙正永有長期仕途交集。

趙正永迫害法輪功 訪台曾遭提告抗議

根據追查迫害法輪功國際組織的報告，陝西是鎮壓法輪功的嚴重省份之一，對法輪功學員的迫害手段殘酷，情節嚴重。趙正永是該省迫害主要責任人之一。

趙正永自 1999 年起參與迫害法輪功，主編仇恨法輪功的書

籍；其在安徽、陝西兩省「政法委書記」任內，操控公、檢、法系統、610 辦公室全面性迫害法輪功。

趙正永 2001 年擔任陝西省委常委、政法委書記，參加誣衊法輪功的大型圖片展，並將該展覽內容製成畫冊、掛圖等，採用多種形式向全國普及，造成全國有組織性的輿論迫害。

2003 年趙正永作出堅決阻止和打擊法輪功一切活動的批示，並藉全省防治非典法制宣傳電視電話會議，要求鎮壓法輪功。2005 年，他主持了「同法輪功鬥爭先進表彰大會」。

2010 年 9 月 13 日，時任陝西代省長趙正永率領 550 人官方代表團訪問台灣。趙正永訪台期間，遭到法輪功學員送訴狀、控告。在台北，法輪功學員送三次訴狀趙都不敢接，在新竹縣、高鐵嘉義站則由時任陝西副省長景俊海共代收兩次，於彰化縣陝西村，趙正永本人接獲一次，在南投縣，趙的隨員也代收一次。

趙正永預計 19 日到高雄拜訪的行程，臨時全部取消，18 日下午 6 時搭乘立榮航空提前狼狽離台，飛往杭州。臨走前，據了解，沒有台方官員送行，但仍舊遇到法輪功學員對他喊出：「趙正永！你不好再迫害法輪功。」趙正永鐵青著臉，不發一語，快步出境。

趙正永涉多件腐敗大案

有關趙正永的腐敗醜聞頗多。他曾卷進周永康之子周濱案。2014 年《新京報》有報導揭露，在時任陝西國土廳廳長王登記、時任發改委主任祝作利和時任陝西省副省長趙正永具體操辦下，周濱僅以 9000 萬元買下陝西榆林中石油的油田，即長慶油田，該

油田每年利潤高達 27 億元。祝作利和王登記已先後被查。

2016 年，趙正永又被陝西榆林商人趙發琦實名舉報，指趙捲入一宗涉及 15 億元的掏空巨額國有資產大案。趙還被指與原最高法院副院長奚曉明聯手干預司法、搶奪市值高達數百億的探礦權。

另外，2015 年西安聯合學院百億非法集資案爆發後，數百西安民眾到省政府抗議，高喊口號「打倒貪官趙正永」。引爆民怨的這宗號稱西北最大非法集資案，發生在趙正永任內。

趙樂際弟趙樂秦廣西任職 調任虛職

趙樂際 2007 年 3 月由青海省委書記調任陝西省委書記後，其弟趙樂秦由陝西漢中市長調任廣西賀州市委書記；隨後，2010 年 1 月，轉任廣西崇左市委書記；2013 年 2 月，接任廣西桂林市委書記。2018 年 1 月 31 日，廣西人大會議上，58 歲的趙樂秦出任廣西人大常委會副主任，料將卸任桂林市委書記一職。

期間，中共廣西自治區委書記是郭聲琨。郭聲琨 2004 至 2007 年任廣西壯族自治區委副書記、區政府副主席；2007 年至 2012 年任廣西壯族自治區委書記。2012 年 12 月，沒有任何政法工作經歷的郭聲琨出任中共公安部黨委書記、部長。

郭聲琨與江澤民集團二號人物、前國家副主席曾慶紅是江西老鄉。知情人士透露，郭聲琨是曾慶紅表外甥。郭被指是曾慶紅安插在習近平身邊的繼周永康之後的一枚重要棋子。

接替郭聲琨任廣西區委書記的彭清華曾長期在中組部工作，2003 年至 2012 年任職香港中聯辦副主任、主任近十年，是曾慶

紅的下屬，深受曾慶紅的信任。

2018 年 3 月 21 日，中共官方發布消息稱：王東明不再兼任四川省委書記；彭清華任四川省委書記，不再擔任廣西壯族自治區委書記。十九大前後，省級地方大員重洗牌，習陣營的地方大員如河北書記趙克志、遼寧省委書記李希、江蘇省委書記李強等人被加速提拔，且都晉升副國級。而彭清華在廣西任職已滿五年，此次只是平調四川省委書記，被調離曾慶紅的重要窩點廣西。

彭清華被調離後，現年 64 歲的廣西自治區主席也快屆齡退休。廣西官場人事變動料將連環展開，趙樂秦的仕途命運將會如何，有待觀察。

「打虎」女將賀榮升陝西副書記

陝西官員接連被查處之際，2018 年 3 月 27 日，王岐山北京舊部、負責陝西「打虎」的省紀委書記賀榮升省委副書記。

現年近 55 歲的賀榮是中共十九屆中紀委委員。在王岐山2003 至 2007 年擔任北京市長期間，賀榮擔任北京市高級法院副院長以及朝陽區副區長（掛職一年四個月）。2013 年 10 月，賀榮任最高法副院長。2017 年 3 月，賀榮「空降」陝西任省委常委、省紀委書記，再度成為王岐山下屬。

賀榮主掌陝西紀檢系統期間，陝西人大副主任、前西安市委書記魏民洲，西安市政協前黨組副書記、副主席趙紅專，涇河新城前黨委書記、管委會主任李益民，西安旅遊集團前董事長李大有，西安市高新區管委會前主任安建利等要員接連落馬。其中，趙紅專、李益民、李大有都是魏民洲的舊部。

第五節

趙樂際被習李王接力敲打

　　趙樂際陝西舊部被王岐山親信查處之際，習近平在十九屆中紀委二次全會上發言，話裡有話，暗藏敲打趙樂際的意味。國務院祕書長楊晶案一波三折，傳出李克強因此而震怒的消息。

習一句話評價王岐山 話裡有話敲打趙樂際

　　2018 年 1 月 11 日，中共第十九屆中紀委召開二次全會，習近平等政治局常委出席。習近平在這次會議上強調，反腐工作要堅持無禁區、全覆蓋、零容忍，「『老虎』要露頭就打，『蒼蠅』亂飛也要拍」。同時，還要把掃黑除惡同反腐敗結合起來，既抓涉黑組織，也抓後面的『保護傘』。」

　　習近平發言肯定了中紀委自十八大以來所做的反腐工作。習近平說，十八大以來，中央紀委和各級紀檢監察機關貫徹中央決

策布署，忠誠履職盡責，做到了無私無畏、敢於擔當，向中央和人民交上了優異答卷。

習近平的上述講話，很明顯是在公開表揚王岐山主導中紀委時期所做的工作；為王岐山在兩會上強勢復出埋下伏筆。

另一方面，習近平在發言中，對中紀委提出要求。習近平強調，紀檢機關必須堅守職責定位，強化監督、鐵面執紀、嚴肅問責。「執紀者必先守紀，律人者必先律己」，「提高自身免疫力」；紀檢監察幹部要做到「忠誠堅定、擔當盡責、遵紀守法、清正廉潔」，「權力不被濫用」等。

習近平在高度肯定王岐山十八屆中紀委工作的同時，對新一屆中紀委提出多方面要求，兩相對比，其中的政治信號耐人尋味。

考慮到趙樂際的江派背景色彩，以及十九大前後打虎的種種不尋常現象，習近平在中紀委全會上，要求「執紀者必先守紀，律人者必先律己」，「忠誠堅定」，「權力不被濫用」等，話裡有話，對趙樂際的敲打、警告意味忽隱忽現。

習放重話施壓江派要員倒戈

1月11日，習近在中紀委二次全會發表的講話中，透露十九大後反腐動向；其中，習向中共官員提出的一個要求與一個警告尤為值得關注。

習近平要求，任何時候任何情況下，中共官員「在政治上都要站得穩、靠得住」，「忠誠老實」、與中央保持高度一致等。習近平警告，堅持反腐無禁區、全覆蓋、零容忍，對「老虎」要露頭就打。

　　中紀委在隨後發布的公報中提出 2018 年要嚴查六種人。一、
「兩面人、兩面派」的黨官；二、表態多，調門高、行動少，落
實差的黨官；三、十八大後不收斂、不收手的黨官；四、「涉及
政治和經濟問題交織形成的利益集團」的黨官；五、涉及審批監
管、金融信貸等重點領域腐敗的黨官；六、涉及基層腐敗和黑社
會的黨官。

　　上述六種人中，嚴查前兩種人，與習近平提出的要求相呼應；
嚴查第三種人，可視為對習「『老虎』露頭就打」言論的落實。

　　不難看出，習近平在中紀委全會上放出的重話，以及明確提
出嚴查六種人，影射與震懾的主要為江派背景官員。

　　十八大以來，習近平、王岐山查處大批江派高官，通報中多
定性為「兩面人」、「十八大後不收斂、不收手」、妄議中央、
落實中央政策不力等；背後真相涉及江派勢力對習中央陽奉陰違、
怠政、捧殺、乃至陰謀政變等種種反撲企圖。

　　十九大後，習近平的權力與地位進一步加強。習明確放出重
話，點名「兩面人」、警告「老虎露頭就打」；將震懾江派背景
官員不敢再替江派出頭、對抗習中央，達到分化江派勢力的效應。

　　十九大前後，習江兩派博弈激烈，十九大高層人事據信是雙
方妥協的結果；政治局委員乃至常委層面，仍有不少具有江派背
景色彩的官員，如韓正、趙樂際、王滬寧、李鴻忠等人。

　　面對習近平的公開要求與警告，這些具有江派背景的官員如
何以實際行動重新政治站隊，與江派江澤民、曾慶紅等終極大老
虎做出切割，將直接攸關他們的仕途命運。

　　另一方面，江派勢力掌握這些官員的各種把柄，勢將要挾、
恐嚇這些官員，防止他們倒戈。近些年來，不少江派倒戈官員也

成為江派海內外勢力攻擊的目標。

這些江派背景官員遭遇雙重夾擊的困境難以避免。未來一段時間中國政局很可能出現一種混戰局面。習陣營繼續圍剿江派大老虎的同時，習將施壓江派背景官員清洗江派勢力，而江派海內外勢力攻擊江派反水、倒戈官員的聲音也將不時傳出。

在國內、國際大清算日益逼近的大背景之下，對於這些江派官員而言，唯有懸崖勒馬、和盤托出江派大老虎的罪惡黑幕，作出徹底切割，將功折罪，才可能有一線希望以獲得平安著陸。

楊晶被查「先斬後奏」 李克強震怒

1月11日召開的中共十九屆中紀委二次全會上，習近平發表講話；中共政治局常委栗戰書、汪洋、王滬寧、韓正出席會議；政治局常委、中紀委書記趙樂際主持會議。七常委中唯獨李克強缺席會議。

據官方報導，國務院總理李克強1月10日、11日出席在柬埔寨金邊舉行的瀾滄江——湄公河合作第二次領導人會議，並對柬埔寨正式訪問；於11日晚乘專機回到北京，剛好錯過當天的中紀委全會常委集體露面。

外界質疑，以往中紀委全會，政治局常委皆全體出席；此次李克強外訪與中紀委二次全會只有一天衝突時間；在排程上完全可以安排錯開。李克強缺席中紀委二次全會，內幕可能不止因為外訪這麼簡單。

2018年2月24日晚，中共官媒新華社發布消息稱，中紀委對十八屆中央書記處書記、國務委員兼國務院祕書長楊晶嚴重違

紀問題立案審查。

報導說，在審查中，楊晶認錯、悔過。依據中共有關規定，決定給予楊晶留黨察看一年、行政撤職處分，降為正部長級。

3月1日，有港媒引述京城消息人士說，這結果已經是國務院總理李克強大發雷霆後，才「爭取」到的，否則楊晶的退休待遇都難以保留。

李克強大祕、國務院祕書長楊晶在十九大落選中央委員，引發外界猜測。2017年11月30日，有港媒和海外中文媒體報導稱，楊晶近日被免去職務，降為正處級，由家鄉內蒙古呼和浩特市的一名副市長從北京接回，並稱楊晶此次降級因涉「明天系」富商肖建華案。

在這期間楊晶多次露面，包括，12月3日現身工程院院士陸鐘武遺體告別式的官方悼念名單；12月15日，陪同李克強接見到北京述職的香港特首林鄭月娥；12月20日參加中央經濟工作會議；12月26日，出席中國行政學院院長會議並講話。12月27日列席人大常委會第31次會議；12月29日參加中央農村工作會議，12月30日出席新年戲曲晚會等。乃至有分析認為，楊晶已平安著陸。

京城消息人士說，事實上，是因李克強不滿中紀委對楊晶的處理，得知楊即將被要求返回內蒙古後大發雷霆。在中紀委調查楊晶時，並未知會李克強，決定作出處分後，李克強才得到中紀委擬出的處理決定。

消息人士表示，李克強沒有就具體案情表示意見，只是對中紀委調查國務院「大管家」，卻不知會他本人表示不滿。李克強發火後，中央對楊的處理重新作出協調，這就是那段時間楊晶仍

不斷現身的原因。

中央高層最終的協商結果，最後保留了楊晶正部級退休待遇，而楊晶被處分後，目前正在「等待退休」。

中共十九大上楊晶落選中央委員。海外自由亞洲電台特約評論員文章當時披露，在十九大換屆人事安排時，據說王岐山對楊晶的評價是「能力有限，個人行為又不檢點」，加上習近平的一句「寧缺毋濫」，楊晶就徹底告別政治舞台了。

楊晶被處理則是十九大之後，時任中紀委書記為趙樂際。趙樂際十九大最後時刻黑馬入常，頗出外界預料，相關內幕尚不得而知，不過其仕途發跡與江澤民集團關聯密切。

圍繞楊晶被撤職降級，前後過程起伏，各種傳言不斷，折射中南海高層博弈局勢詭異。

趙樂際執掌中紀委 身陷多重困境

趙樂際黑馬入常、主掌中紀委後，自己的大祕與舊部卻紛紛落馬，已很難達到習近平所要求的「執紀者必先守紀，律人者必先律己」；另外，新成立的國家監察委員會，由習近平、王岐山舊部楊曉渡執掌，與中紀委幾近分庭抗議，趙樂際面臨被架空的尷尬處境。

2017 年 10 月 19 日上午，十九大新聞記者招待會上，中紀委副書楊曉渡通報，中共十八大後，共立案審查省軍級以上官員及其他中管幹部 440 人，其中中央委員、候補中央委員 43 人，中紀委委員 9 人。

楊曉渡通報，顯示的是王岐山任中紀委書記的政績。

　　與之呼應的是，五年前負責審核、提拔這批落馬官員的前中組部長、政治局委員李源潮已在十九大上黯然出局，其最終是否能平安著陸還是未知數。

　　趙樂際過去五年任中組部長。十八大以來官場大調整，名義上官員的考核和提拔均由趙負責。

　　消息還指，十九大300多名中委、候補中委人選，是由中組部長趙樂際負責「逐個找談話」面試，內容主要考核對「習核心」的忠誠度。

　　趙樂際主掌中紀委負責「打虎」，面對的將是自己過去五年提拔、考核的中央與地方高級官員；如果不發力「打虎」，是其作為中紀委書記的失職，如果「打虎」自己過去提拔的官員，則是其任中組部長時的失職。趙樂際似乎陷入了「橫豎都是死」的怪圈，他將何去何從？

　　過去五年，王岐山在大力「打虎」的同時，多番調整中央與地方紀委系統人事，並清除前朝留下的紀委「內鬼」。

　　十九大前夕，中紀委各大機構及地方省級紀委主官幾乎全部換人，習近平、王岐山布署親信、舊部卡位紀委系統重要職位。

　　從新一屆中紀委委員會名單和新成立的國家監察委員會主任、副主任名單也可發現，習近平、王岐山已打造了一隻紀檢系統親信隊伍。

　　趙樂際出任中紀委書記，幾乎不可能隨心所欲地操控紀檢系統。趙樂際會打散王岐山離任前的紀檢系統布署，而重建自己的紀檢人事架構嗎？新一任中組部長是習近平的清華同窗陳希。趙樂際的人事變動要求，如果違背習近平的意願，勢必受到陳希的監管與防範。

換言之，趙樂際執掌中紀委後，如果不按照習的意願行事，不能獲得習、王舊部的支持、配合，將身陷重圍、一事無成。

官媒刊文暗示習近平主導反腐

2015 年 1 月 16 日，中共中央政治局常委會全天開會，首次聽取全國人大常委會、國務院、全國政協、最高法院、最高檢察院五部門黨組工作匯報。2016 年 1 月 7 日，中央政治局常委會開會，首次聽取中央書記處工作報告。歷次會議，習近平都是以「中共中央總書記」身份主持。

十九大剛一閉幕，2017 年 10 月 27 日，新一屆政治局首次開會，通過了一項文件——《關於加強和維護黨中央集中統一領導的若干規定》。

文件要求，中央書記處和中紀委、全國人大常委會黨組、國務院黨組、全國政協黨組、最高法院黨組、最高檢察院黨組每年向中央政治局常委會、中央政治局報告工作。

與以往相比，這份文件中明確規定，中紀委也需要像其他五部門黨組一樣，向政治局常委會報告工作。

然而，2018 年 1 月 15 日，官方報導稱，習近平當天主持召開政治局常委會議，「聽取全國人大常委會、國務院、全國政協、最高人民法院、最高人民檢察院黨組工作匯報，聽取中央書記處工作報告」。

報導中並未提及聽取中紀委工作報告；顯示政治局的最新規定並未落實，體現了中紀委在中南海高層充當的微妙政治角色。

習近平上一屆當政五年期間，自 2015 年開始，連續三年主持

政治局常委會議，聽取五部門黨組的工作匯報，以及聽取中央書記處工作報告。唯有中紀委不向習近平做工作匯報或報告。這已暗示中紀委的工作一直在習近平的直接領導之下。

王岐山也曾公開表示他秉承習近平的意旨而修訂黨內政治生活準則等，暗示習對反腐打虎工作的主導，以及二人的密切合作關係。

1月19日，中共新華網罕見刊登文章《十九大後，習近平反腐不歇腳》，直接點明習近平主導反腐工作。

文章稱，反腐敗鬥爭是十九大報告的重要內容；習近平表示：「反腐敗鬥爭形勢依然嚴峻複雜，鞏固壓倒性態勢、奪取壓倒性勝利的決心必須堅如磐石。」十九屆一中全會閉幕後，習近平在率新一屆政治局常委同中外記者見面時強調，「全面從嚴治黨永遠在路上，不能有任何喘口氣、歇歇腳的念頭。」

文章還提到，習近平在十九屆中紀委二次全會上發表講話，提出當前和今後一個時期的任務目標，「要深化標本兼治，奪取反腐敗鬥爭壓倒性勝利」。

十八大期間，王岐山因其個人突出能力和強勢風格，以及與習之間的親密關係，大力清洗江派勢力，拿下數百名省部級及國級高官。十九大後，「打虎」要想超越王岐山十八大期間的成果，從數量上突破已然很難，「要深化標本兼治，奪取反腐敗鬥爭壓倒性勝利」，唯有拿下終極大老虎江澤民、曾慶紅等更多國級大老虎。

結語

　　十九大召開後近半年內，僅數名副省級官員落馬，唯一的正
部級落馬高官、中宣部副部長魯煒，其實在十九大之前出事信號
已經很明顯。趙樂際拿下哪些江派重量級高官來洗刷自己，向習
近平遞交「投名狀」，這是他面臨的考題，也是十九大之後的政
局看點之一。

　　趙樂際政治背景到底如何，黑馬入局、入常，並先後任中組
部長、中紀委書記兩大要職，有何內幕？趙樂際能在多大程度上
真正貫徹習近平的「打虎」要求？王岐山 2018 年兩會上再度出山
後，對未來打虎還有多大影響力？十九大之後的反腐行動走向何
方？趙樂際的政治命運將會如何？這些疑問只能隨著政局發展，
慢慢窺其端倪了。

四大部署 習王超越常委制

第五章

韓正被調虎離山邊緣化

韓正十九大被調虎離山，進入政治局常委會遭邊緣化；在國務院系統，韓正也被習陣營人馬上下夾擊。習近平前大祕李強出任上海市委書記，習陣營接管江澤民老巢，隨後上海政商圈清洗信號不斷。韓正權力被架空、後院失守，仕途充滿變數。

韓正接連被排除在習高調召開的十九屆中央深改組第一次、第二次會議之外，其被邊緣化的徵兆頗為明顯。（AFP）

第一節

韓正入常後被邊緣化

在國務院系統，韓正（右一）
將遭遇習陣營人馬李克強、劉
鶴（左一）、胡春華（左二）等
人的上下夾擊。（Getty Images）

十八屆政治局常委中，常務副總理張高麗被邊緣化，淪為跑龍套角色。十九大以來，同樣具有江派背景的韓正步張高麗後塵的跡象已很明顯。在國務院系統，韓將遭遇習陣營人馬李克強、劉鶴、胡春華等人的上下夾擊。

韓正入常排名最末

2017 年 10 月 25 日，中共十九大新一屆政治局常委在北京人民大會堂同中外記者見面，他們是習近平、李克強、栗戰書、汪洋、王滬寧、趙樂際、韓正。上海市委書記韓正入常，但排名最末。

在這前後，江派媒體詭異放風，韓正將是政協主席人選。十九大之後，兩會之前，隨著栗戰書、汪洋頻頻公開露面，接掌全國人大與政協的跡象越來越明顯時，鮮有機會露面的韓正出任國

務院常委副總理的結局再無懸念。

2018 年 3 月 19 日，中共全國人大會議進行國務院領導層選舉，2969 名人大代表以等額選舉形式選出新一屆副總理。在四名副總理提名名單中，韓正是唯一的中共中央政治局常委，其餘三人均是政治局委員。

在宣讀中共國務院副總理、國務委員以及各部委領導人的票數時，主席台上其他人都關注大螢幕，唯獨國務院副總理人選韓正、孫春蘭、劉鶴不看，目不斜視地望著前方。

結果，韓正在四票反對下當選。而胡春華以沒有反對票、一票棄權的贊成率獲選；劉鶴在三票反對、兩票棄權的情況下當選。66 歲的孫春蘭是新任副總理中唯一的女性，贊成率最低，有五票反對、八票棄權。

四名副總理陸續現身

3 月 25 日，國務院排名第一的副總理韓正出席中國發展高層論壇開幕式並致辭，就中美貿易戰升級表態稱，搞單邊主義和打貿易戰損人不利已。

3 月 26 日，韓正在中南海紫光閣會見了世界銀行首席執行官格奧爾基耶娃（Kristalina Georgieva）。

3 月 27 日，副總理孫春蘭出席國家衛生健康委員會揭牌儀式並召開工作座談會。

3 月 23 日至 25 日，副總理胡春華前往甘肅調研「脫貧攻堅」工作。

3 月 24 日，副總理劉鶴與美國財政部長姆努欽（Steven

Mnuchin）通電話，交涉美國公布的 301 調查報告。

3 月 24 日至 25 日，劉鶴在釣魚台國賓館會見了部分出席中國發展高層論壇的代表。

3 月 27 日，劉鶴前往北京市金融街，視察機構改革後的「一行兩會」工作。

另據外媒披露，對於美中兩國貿易失衡引發衝突，雙方已開始接觸及談判，內容涵蓋廣泛，議題包括金融服務及製造業等；美方負責談判的是財長姆欽及貿易代表萊特希澤（Robert Lighthizer），中方談判代表則是新上任的副總理、中共中財辦主任劉鶴。

副總理分工露出眉目

上一屆中國國務院四位副總理是張高麗、劉延東、汪洋和馬凱。張高麗分管國家發改委、財政部、住建部等部委，劉延東分管教育、科學、文化、體育、衛生和計生工作，汪洋分管「三農」和對外經貿，馬凱則主管交通運輸、工信、金融等部門。

從韓正、孫春蘭、胡春華、劉鶴出席的會議和活動上已經大體可以推斷四人的分工。張高麗的工作職責交接給了韓正，汪洋的工作職責交接給了胡春華，馬凱的工作職責交接給了劉鶴；孫春蘭接替劉延東分管科教文衛。

但其中有些分工出現變數。比如，汪洋曾經負責的對外經貿，特別是中美貿易，應該已交由劉鶴負責。劉鶴在三中全會前夕，於中美外貿糾紛升溫之際，訪問美國，以及最新與美國財政部長姆努欽通話，表明其已實際上著手處理相關事務。

　　與此同時，胡春華沒有承接汪洋的對外經貿的分工，意味著權責範圍的縮小，實際權力將遜色於汪洋。此前有說法指，胡春華仍將分擔除中美關係之外的對外經貿。

　　另有分析指，「精準脫貧」被習近平列為未來三年要重點打好的「三大攻堅戰」之一；胡春華需要在 2020 年前使剩餘的 3000 萬左右的貧困人口全部脫貧。對胡春華而言，這一擔子也並不輕鬆。

　　相較往屆，四人分工有些變化。四人中，習近平的經濟智囊劉鶴權重加大，風頭最勁，甚至超過常務副總理、政治局常委韓正。

劉鶴權重超過韓正

　　按慣例，韓正將接替張高麗的工作，包括分管發改委等部門與「一帶一路」工作等。但觀察人士指，劉鶴任職發改委多年，並擅長宏觀經濟規劃設計，料仍將分工主管有「小國務院」之稱的發改委。

　　1 月 16 日，剛剛晉升政治局委員的劉鶴出席「一帶一路」工作會議，並首次坐上了主席台，這預示在有著「習近平一號工程」稱號的「一帶一路」中，劉鶴將發揮重要作用。

　　劉鶴前往金融街視察「一行兩會」，這表明他已經從國務院前總理馬凱手中全面接管金穩委。劉鶴以副總理頭銜主掌金穩委，將統領央行行長易綱、銀保監主席郭樹清、證監會主席劉士余，主導金融政策與監管。

　　外界將劉鶴比擬當年以副總理身份主導經濟改革的朱鎔基，

關注劉鶴作為習近平重用的首席經濟智囊，在獲得充分授權後會否迅速推進中國經濟改革。

中共國務院新一屆四名副總理陸續現身，分工也逐漸露出眉目；

韓正關於中美貿易戰講話被過濾

2018 年中共兩會前後，中美貿易戰升級。3 月 22 日，川普總統簽署行政備忘錄，要求行政部門採取三大反制措施：對 600 億美元中國商品征收 25％的關稅；向世貿控告中共的侵權行為；限制中企在美投資。

3 月 24 日，為期三天的中國發展高層論壇在北京開始舉行，中美貿易戰也成焦點。韓正出席論壇開幕儀式並致辭。韓正稱，「重搞貿易保護主義沒有出路，搞單邊主義和打貿易戰損人不利己，只會引發更大衝突和負面影響，呼籲各國平等協商，促進經濟平等化……」

官媒新華社報導中引述韓正的講話稱「中國發展前景光明，我們對經濟高品質發展充滿信心」，但並未提及有關「貿易保護主義」的內容。

韓正關於中美貿易戰的表述被過濾，意味著其關於中美關係及中美貿易等外貿事務的發言權並不被習近平中央所認可。

另一方面，連任國務院總理的李克強接連就中美貿易問題表態。3 月 26 日中共央視《新聞聯播》報導，李克強 26 日在北京會見出席中國發展高層論壇 2018 年年會的外方代表並同他們座談。來自世界五百強企業的負責人、國際知名學術研究機構的專

家學者、主要國際組織代表等近百人參加。

蘋果公司首席執行官庫克、株式會社日立製作所取締役會長中西宏明、史帶投資集團董事長格林伯格、谷歌公司首席執行官皮猜、劍橋大學校長杜思齊和教授諾蘭、高通公司首席執行官莫倫科夫等發言。

李克強表示，中國對外開放的大門將越開越大。打貿易戰沒有贏家，對別人關上門也擋住了自己的路。中美經貿規模發展到今天，本質上是互利共贏的。中美雙方應該本著務實的原則促進貿易平衡，堅持談判協商來化解分歧摩擦。

談到知識產權，李克強強調，不會強制要求外國企業轉讓技術，並將進一步加大知識產權保護力度。

3月27日，李克強在中南海紫光閣會見美國國會聯邦參議員戴恩斯率領的訪華團。李克強再次表示，中美經濟互補性強，合作規模不斷擴大。打「貿易戰」解決不了經貿摩擦和分歧，也違背了貿易的基本原則。中方將朝著通過對話協商解決問題的方向努力，同時也做好了應對的充分準備。

韓正兩次缺席深改組會議

2018年3月28日，習近平主持召開了中共中央全面深化改革委員會（深改委）第一次會議。這是習當局3月21日公布將中央全面深化改革領導小組（深改小組）升級為深改委後，首次召開深改委會議。

官媒稱，深改委主任習近平主持了會議，深改委副主任李克強、王滬寧、韓正出席會議。另外，深改委委員、中共中央和國

家機關有關部門以及有關地方負責官員列席了會議。

新任國務院常務副總理的韓正終於按慣例接替江派前常委張高麗，現身這一高層會議。十九大後，韓正已兩次缺席中央深改小組會議。

深改小組 2014 年 1 月成立時，設有一正三副四名組長，組長是習近平，副組長是李克強、劉雲山、張高麗。

2017 年 11 月 20 日，習近平主持召開了中共十九大後第一次深改小組會議，當時出席會議的現任和前任政治局常委也是李克強、張高麗、汪洋、王滬寧。

2018 年 1 月 23 日，習近平主持召開了中共十九屆深改小組第二次會議。會議審議通過了《中央全面深化改革領導小組 2018 年工作要點》等文件。出席會議的有李克強、張高麗、汪洋、王滬寧。而韓正再度缺席。

這兩次深改小組會議召開時，常委排名第四的汪洋接替俞正聲出任中共政協主席的徵兆已很明顯。1 月 16 日，汪洋出席中共統戰部長會議。1 月 23 日，港媒披露，正在北京舉行的中共全國政協常委會議將表決新一屆政協名單，中共政治局 7 名常委裡只有汪洋入列。

省級政協高層也密集換人，汪洋國務院大祕江澤林空降吉林省政協。這些跡象顯示，汪洋已提前進入政協主席角色、並展開熱身活動。

與此同時，汪洋 1 月 23 日缺席了中共推進「一帶一路」建設工作會議。汪洋本來以副總理身份兼任推進「一帶一路」建設工作領導小組副組長。

十九大以後，汪洋接連出席深改小組會議，雖然可以用他是

副總理身份出席會議來解釋;但在他政協主席角色日益明朗,並缺席「一帶一路」工作會議的背景之下,仍出席最新的深改小組第二次會議,則顯得不尋常。

隨著汪洋去向的確定,常委排名最後的韓正職務也鎖定國務院常務副總理。在官媒兩次報導都不註明小組成員頭銜與分工的情況之下,身為政治局常委的韓正完全可以列席深改小組會議,提前熱身、進入角色、熟悉相關事務。

然而,與汪洋形成鮮明對比的是,內定出任常務副總理的韓正,卻接連被排除在習高調召開的十九屆中央深改組第一次、第二次會議之外,其被邊緣化的徵兆頗為明顯。

韓正出訪韓國被質疑官小

2018 年 1 月 16 日,韓媒報導,習近平將派遣韓正率領代表團出席平昌冬奧會。2 月 9 日平昌冬奧會開幕時,韓正還沒有任何政府職務。韓正只以中共政治局常委的黨職出席這種國際性的外交場合,顯得有些名不正言不順。

韓國輿論也普遍認為,相對於韓國進行的外交努力,北京派韓正出訪韓國,其官職相對小了些。

第 23 屆冬季奧運會 2 月 9 日下午 8 點在韓國平昌開幕,中共代表韓正出席開幕式,但外界認為中共被邊緣化,中共在處理朝鮮半島事務中,處境艦尬。

在當天的開幕式上,美國副總統邁克·彭斯、日本首相安倍晉三、德國總統瓦爾特·施泰因邁爾、加拿大總督朱莉·帕耶特、聯合國祕書長安東尼奧·古特雷斯,以及中共中央政治局常委韓

正等，21 個國家的 26 名領導人出席了開幕式。

看台中間坐的是韓國總統文在寅夫婦，右側緊挨著美國副總統彭斯，然後是日本首相安倍晉三，再右邊才是中方派遣的「習近平特使」韓正。因為韓正離主席台的中間太遠，所以很多媒體的報道中沒有韓的照片。

朝鮮的名義國家元首、90 歲的金永南，朝鮮領導人金正恩的胞妹金與正被安排在第二排，但正好處在文在寅、彭斯夫婦的後一排的中間，比較搶眼。

平昌冬奧會賽程為 2 月 9 日至 25 日。截至 2 月 21 日，已有 18 個國家獲得金牌，而中國隊尚未獲得一枚金牌，這是自 2002 年以來五屆冬奧會中，中國隊首次賽程過半卻未獲金牌。

隨著比賽的漸次展開，中國運動員和教練員們的壓力突顯，在眾多優勢項目上，大失水準；大年除夕，中國選手又再度與金牌「失之交臂」。至正月初三全部比賽結束時，中國代表團本屆冬奧會的「金牌荒」，仍在持續。

據稱，大年除夕，國家主席習近平和第一夫人彭麗媛也觀看了現場直播；大年初一，中南海又派特別小組趕往平昌督戰。大年初一和初二同樣觀看了決賽直播的習近平和彭麗媛，對中國運動員痛失金牌十分惋惜。

中南海特別小組與中國代表團高層連夜召開緊急會議，對本屆冬奧會的中國奪自己「首金」，再作全面布署。消息稱，本屆冬奧會是「中共十九大後的第一次」和「習近平新時代的第一次」，因此中國運動員奪金被中共賦予特別高的政治意義。尤其在大年除夕和正月初一意義更大；中南海御用團隊甚至特別策劃了習近平與金牌運動員視頻連線的拜年環節，而且均已提前審核

通過了官方賀電和官媒預留版面。

中國代表團在平昌的「第一件」事，就是成立所謂「黨支部」；代表中國國家主席習近平出席開幕式的中共常委韓正，對中國代表團強調的「頭等大事」，也是「一切聽從黨指揮」。

知情者表示，「殊不知，冬奧會至今，中國代表團持續『金牌荒』，可以說運動員們的所有壓力，恰恰就來自『黨指揮』。」「中國代表團仍未收到官方賀電，官媒也已幾度撤稿和改版；更無法容忍的是，在比賽一結束，為何非要『逼』失利的選手，立即『哽咽地承擔責任』。」

直到奧運會結束前兩天，2月22日，短道速滑選手武大靖才為中國隊奪下此屆奧運會上唯一的金牌。平昌冬奧會中國金牌荒，是繼國乒賽事頻頻失利之後，再次打臉中共「舉國體制」，也是對韓正所強調的「一切聽從黨指揮」的莫大諷刺。

韓正十九大前外事活動異常

2017年1月17日，江綿恆的馬仔楊雄正式辭去上海市長職務。1月20日，習近平舊部、上海市委副書記兼常務副市長應勇正式獲任上海市長，成為自朱鎔基之後，25年來第一位由非上海本土成長官員出任的上海市長。

隨後，應勇參加的重大外事活動遠超上海書記韓正，兩人形成鮮明對比。

據上海官方公開報導，4月25日，上海市長應勇會見了國際刑警組織主席孟宏偉、祕書長斯托克率領的代表團一行；4月17日會見了聖多美和普林西比總理特羅瓦達；4月15日會見了瑞士

聯邦委員兼財政部長于利・毛雷爾；4 月 8 日會見了挪威首相埃爾娜・索爾貝格；4 月 5 日會見世界技能組織主席西蒙・巴特利一行。

3 月 31 日，應勇分別會見了墨西哥莫雷洛斯州州長、墨西哥全國州長會議主席格雷科・拉米雷斯率領的代表團和美國美銀美林集團全球首席運營官托姆・蒙塔格。

3 月 29 日，應勇會見了台灣兩岸共同市場基金會榮譽董事長蕭萬長一行；3 月 27 日，應勇會見了智利盧克希奇集團董事長安東尼克・盧克希奇一行。

2 月 24 日，應勇會見了義大利總統賽爾焦・馬塔雷拉率領的代表團一行。

其中，應勇會見過的國家元首包括聖多美和普林西比總理特羅瓦達、挪威首相索爾貝格、義大利總統馬塔雷拉等人均是應習近平或李克強邀請訪華，在北京同習、李二人有過會談。

然而，未有公開報導時任上海書記韓正曾與這些來訪的國家元首有過會談。

中共官媒新華網與人民網關於政治局委員的活動報導集顯示，2017 年 1 至 3 月份，三個月期間，韓正沒有一次會見外賓活動。

相比上海市長應勇而言，韓正作為上海書記，其外事活動明顯異常。

第二節

韓正與習近平的真實關係

習近平十七大之前擔任數月上海市委書記，與韓正有短暫交集；期間，上海官場陽奉陰違，暗地裡給習設下多重政治陷阱。（AFP）

　　韓正是「上海幫」的主要成員，仕途一直在江澤民老巢上海，習近平十七大之前擔任數月上海市委書記，與韓正有短暫交集；期間，上海官場陽奉陰違，暗地裡給習設下多重政治陷阱。

　　十八大後，習近平與韓正曾在上海刪除小學古詩詞事件上激烈交鋒。隨著習江鬥升級，韓正迫於形勢，一方面不得不向習近平低頭，另一方面仍和上海幫藕斷絲連。

韓正入常前仕途一直在上海

　　韓正屬於寧波籍上海人，1954 年 4 月生於上海，從讀書到工作，一直沒有離開上海。1990 年 6 月，韓正正式進入上海政界，任共青團上海市委副書記；1991 年 5 月，任共青團上海市委書記；1992 年 11 月，任上海盧灣區委副書記、代區長；1995 年 7

月，任上海市政府副祕書長，並先後兼任市綜合經濟工作黨委副
書記、上海市計畫委員會主任、上海市證券管理辦公室主任等職。
1997 年 12 月，任中共上海市委常委。1998 年 2 月，任中共上海
市委常委、上海市副市長。2002 年 5 月，任中共上海市委副書記、
上海市副市長。2003 年 2 月，任中共上海市委副書記、上海市長。

　　2006 年 9 月，時任中共上海市委書記陳良宇因「社保案」嚴
重貪腐遭停職調查，韓正一度傳出將受牽連，但中共中央決定由
他代理市委書記穩住上海局勢，韓正反而上位，但僅僅代理了半
年。

　　2007 年 3 月，原任中共浙江省委書記的習近平調任上海市委
書記，韓正免兼市委書記。同年秋，習近平就上位中共政治局常
委，進入核心領導層。韓正直到中共十八大上「入局」，2012 年
11 月 20 日，才出任上海市委書記；總計任上海「二把手」長達
十年，「服侍」過三任市委書記陳良宇、俞正聲、習近平之後，
終升任上海書記。

習就任上海書記時 韓正不到場迎接

　　韓正與習近平曾經在上海共事了半年左右，但兩人關係比較
微妙。

　　有一個未經證實的內幕消息說，習近平調到上海當市委書記
的時候，韓正心裡不舒服。因為韓在陳良宇垮台之後代理上海市
委書記，期望扶正。據說，習近平到達上海的那一天，韓正沒有
出現在現場，找了個藉口去一個地方視察。而那個視察，並非那
麼緊急和重要。

江澤民反對習近平任上海書記

當時，江澤民最希望的是時任上海市長韓正接任陳良宇的市委書記，但上海市民早就要求「不正」的市長韓正下台，所以胡錦濤中央順水推舟，表示不考慮韓正。實際上胡錦濤想藉此機會削弱江澤民在發跡地的勢力，但上海不是其他地方，胡知道江一定會全力保護地盤，於是在元老們的推薦下，同意用真貨對付假貨；用真太子黨對付漢奸出身的假貨江澤民。

2007 年 3 月 24 日，浙江省委書記習近平空降上海當一把手，外界沒人能猜到這個結果。當時，江澤民堅決反對習近平上任，原因有二，一個是習近平當浙江省委書記時，黃菊曾企圖拉攏習入江家幫，但習近平沒搭理他。這事發生在 2004 年 4 月中旬，當時霸著軍委主席位子的江澤民在高層和民間的怒罵聲中早已無法「江前胡後」了，這使江心中恐慌，命令一心當總理的政治局常委、第一副總理黃菊藉口到上海出席一次國際性會議，擅自召開了四省一市（上海市、江蘇省、浙江省、江西省、安徽省）黨、政、人大、政協四套班子領導人座談會，煽動批判總理溫家寶。但浙江省委書記習近平沒有表態，事後黃菊向江澤民匯報了會議情況，尤其對習近平的不滿多抹了幾筆，讓江耿耿於懷。

其二是江澤民怕真太子黨上台自己玩兒不轉，更何況習近平是老資格的習仲勳的兒子。習仲勳生前最看不慣江戲子的一切作派，所以平日素無來往。2002 年習仲勳去世時，鼠肚雞腸的江澤民三權在握，卻連一個輓聯都沒送，故意輕慢；被元老們認為「太過份了」。

外媒間接證實當年習江之間關係

彭博通訊社在 2012 年的一篇報導中稱，習近平的弟弟習遠平可能是最早全面退出商業活動的家人。據聞，習近平「突然」被調動到上海一開始，就立刻告知習遠平離開上海，不准在上海有任何業務。習的弟弟不但沒有反對，更徹底撤出所有生意，包括出售之前已經初步啟動的一些項目，回家陪伴老母親。

報導還稱，習近平在這件事情之後曾對另一位紅二代說，習遠平的作法讓他感到驚訝，「沒想到這個弟弟可以這麼懂事」。

上海官場捧殺習近平 暗設陷阱

2007 年 3 月，習近平到上海上任，不到兩周，就受到市委、市政府、市人大的吹捧。

3 月 24 日，習近平正式就任上海市委書記，26 日他就收到多封來自市委、市政府「表決心」、「表擁護」的吹捧信函。緊接著，來自各區、局、縣的 150 多封恭賀信又送到習近平的辦公室。

剛剛上任的習近平不僅遭遇中共官場的陽奉陰違，同時，還面對上海官場設下的五大陷阱。

當年港媒報導說，習近平上任後，暫住在西郊賓館。3 月 28 日，上海有關方面為習近平在襄陽南路安排了一幢 800 多平方米的英式三層獨立花園洋房。習近平看了一下說：留給老幹部作為療養院，或者留給解放軍傷病員，合適些。

香港媒體評論說，這顯然是個陷阱。按中央規定，省部級官員住宅標準為 250 平方米，就是中央政治局委員，按規定也只有

300 平方米。

習近平到任後，上海立即從市政府外辦調撥一輛奔馳 400 型轎車、一輛凌志車，作為習近平的專車。而中共中央的規定是，除用於接待外賓、陪同外賓，中共官員一律乘用國產轎車。

此外，上海有關方面從錦江賓館抽調一名特級廚師，又從二軍醫大調來教授級內科專家，配備給習近平。這也是違反規定的。省部級官員是不能配備專職廚師的。中央政治局委員、副總理一級的官員，能配備保健醫生，但非教授級。陳良宇原保健醫生是華東醫院教授級全科專家。

習近平履新後，因有工作要去杭州。為此，上海方面特意為習近平安排了駛往杭州的專列。而中共的規定是，中共國家主席、副主席、總理、人大委員長、政協主席及政治局常委、中央軍委副主席，才有資格乘用專列。

習近平拒乘專列，改乘「麵包車」駛往杭州。習對前來送行的市委辦主任訓斥說：「誰搞的？這是違紀的，是明知故犯。我不能搞，下不為例。」

對於上海市人大、市政協提出的舉辦歡迎新書記茶話會，由市委、市政府安排在市黨校，請習近平給全市局級以上官員講用「思想政治建設、組織廉政建設」的請示，習近平也予以否決。

當時習近平剛到上海，而韓正是當時上海官場的「地頭蛇」；這一系列陷阱背後，韓正充當的角色，不難想像。

習近平和韓正為小學古詩詞「打」了起來

2014 年 8 月 26 日，大陸媒體紛紛報導，上海小學一年級《語

文》課本刪除了全部八篇古詩：《畫》、《草》、《登鸛雀樓》、《尋隱者不遇》、《憫農兩首（其二）》、《夜宿山寺》、《江雪》、《梅花》。

9月9日，習近平在訪問北師大時公開聲稱，他「非常不贊成」將古代經典詩詞從課本中刪除，並稱「去中國化」是一件很「悲哀」的事情。

9月10日，北京方面迅速對此做出響應。北師大語文教育研究所所長任翔表示，「非常贊同」習近平「要把經典詩詞嵌在學生腦子裡」的觀點。同時他還稱從2015年9月起，北京市小學一年級《語文》課本古典詩詞，將由現在的6至8篇增加到22篇。

中共黨媒的評論文章稱「作為首都，北京明年將會有上述變化，那麼其他地方會不會競相效仿呢，讓我們拭目以待」。此話被視為「習近平在逼韓正及上海表態」。

但中共上海市委機關報《解放日報》，於9月10日在官方微博上突然發文：「一夜間增『詩』十幾，於傳統又有何益？真正懂一點『傳統』的人，不會不知道『揠苗助長』意味著什麼，『過猶不及』又意味著什麼。傳統不需要粗糙的致敬，教育更不可對規律漠然。循序漸進，敦厚溫良；行有餘力，則以學文——別忘了，這才是傳統。」

此文一出，再次引發輿論譁然。外界分析稱，此微博字裡行間完全是衝著習近平去的，暗諷、藐視習近平之意躍然紙上。事件的背後折射的是上海市委書記韓正在挑釁習近平。

之後，習近平在出訪期間兩度提及古詩，強硬回擊上海韓正的挑釁言論，字裡行間將上海刪除古詩的做法定性為「去中國化」、「斷裂傳統文化」。

9月11日，中共官媒以《習近平萬米高空聊傳統文化：要學古詩文經典》為題的文章稱，習近平表示，語文課應該學古詩文經典。

9月14日，中共官媒以《習近平在馬爾代夫媒體發表署名文章 引用古詩》為題報導稱，在對馬爾代夫進行國事訪問之際，習近平在馬爾代夫《今晚報》和太陽在線網同時發表署名文章，文章中引用了中國古詩。

9月21日上午，中共政協成立65周年大會在北京召開，習近平在大會上發表了講話。在全文講話中，多處引用古語古訓。如「履不必同，期於適足；治不必同，期於利民。」「大廈之成，非一木之材也；大海之闊，非一流之歸也。」「名非天造，必從其實。」「政之所興在順民心，政之所廢在逆民心。」「天視自我民視，天聽自我民聽。」「以天下之目視，則無不見也；以天下之耳聽，則無不聞也；以天下之心慮，則無不知也。」「為者常成，行者常至。」等等。

對於習近平連番高調表態，9月16日，韓正在學習《習近平總書記系列重要講話讀本》的常委會上，提到要學習習近平在北師大的講話精神，並稱要「與黨中央保持一致」。外界認為，韓正終於被逼服軟。

習近平親信問責韓正

2014年9月1日，上海市委副書記應勇在上海市委黨校講課時稱，前上海書記俞正聲曾提問，上海為什麼沒留住阿里巴巴？阿里巴巴最早是在上海，後來才移到了杭州，上海要研究為什麼

沒能夠留住馬雲。目前大陸互聯網的三巨頭——百度、阿里巴巴和騰訊，上海都沒抓住，等等。

應勇此舉近乎公開問責上海幫及長期在上海任職的韓正。應勇是習近平親信舊部，二人仕途在習近平主政浙江期間有交集。

在這之前，8 月 22 日與 7 月 24 日，上海書記韓正領頭的上海市委紀念鄧小平 110 年冥誕座談會以及接見深圳市委書記王榮等人的活動中，習王親信、上海副書記應勇和紀委書記侯凱均沒有參加。上海官場公開分裂。

習十九大代表選區變更

2017 年 4 月 20 日，中共官方發布消息稱，貴州省第十二次代表大會召開，選舉產生了貴州省出席中共十九大的代表。在貴州參選的中央提名代表候選人習近平，以全票當選十九大代表。

之前，中共十八大代表選舉，習近平在上海選區參選。據官方報導，2012 年 5 月 22 日，上海第十次黨代會閉幕，選舉產生了 73 名上海市出席十八大的黨代表，其中，時任國家副主席習近平、上海書記俞正聲當選。

2007 年 3 月，習近平由浙江省委書記調任上海市委書記，接替落馬的原上海市委書記陳良宇，隨後也在上海選區當選中共十七大代表。在中共十七大上，習近平進入政治局常委會，後任國家副主席等職。

十九大代表選舉，習近平突然更換選區耐人尋味，因為上海與貴州兩省市都是中共政壇敏感地帶。

上海是中共前黨魁江澤民的政治老巢，而貴州則被認為是前

國家主席胡錦濤的政治地盤。1985 年到 1988 年，胡錦濤曾任中共貴州省委書記。2014 年 4 月份，退休後的胡錦濤曾高調到訪貴州。

十八大前，同被胡錦濤、習近平看好的貴州省委書記栗戰書調任中辦主任。2010 年，胡錦濤時代的重臣、貴州省委書記趙克志接替落馬的周本順，出任河北省委書記，並持續清洗河北江派勢力。時任貴州省委書記陳敏爾則是習近平的浙江舊部親信。貴州連續三任省委書記被習重用，在十九大上進一步高升，突顯習近平與胡錦濤的政治聯盟。

習近平 2007 年臨時出任上海書記，時間不過半年，卻被外界貼上由上海升遷中央官員的標籤。十九大前夕，上海幫與江澤民家族被密集圍剿之際，習近平的十九大代表選區由上海變更為貴州，不僅釋放與江澤民上海幫作出切割信號，也再度展示習近平與胡錦濤的政治聯盟。

習近平代表選區更換，對韓正而言無疑是個不利消息。

汪洋代替習近平參加上海團審議

2018 年中共兩會上，中共七名政治局常委分別到地方代表團參加審議。從 2008 年起，每年中共兩會，曾在上海工作過的習近平都會參與上海團的討論；但 2018 年習近平缺席，改由新任常委汪洋參加，上海團首次被「降格」。

另一方面，由上海書記升任政治局常委的韓正卻未能重返上海團參加審議，政治信號耐人尋味。

汪洋 3 月 9 日參加上海代表團的審議，官方新華社的報導只

有 300 多字。但港媒披露，汪洋在會場「語出驚人」，一些講話並未被官方公開。

據報，汪洋在會上提及他在廣東任職時的經歷稱，當時不明白為什麼廣州、深圳為了「龍頭」地位要一爭高下。到了國務院後才明白，珠三角的發展活力正是來自於這樣的競爭。目前，長三角雖然明確上海是「龍頭」，但江蘇、浙江實際上也在較勁。

汪洋還說，他終於明白為什麼京津冀地區活力一直較差，是因為天津、河北無力也不可能對北京的地位發起挑戰。

報導稱，此話一出引起全場大笑，汪洋更感慨稱這是「屁股決定腦袋」（意即「位置決定想法」），對汪洋講出這種「俗語」，上海團代表們甚為驚訝，現場出現私下耳語。

汪洋言論中稱，長三角雖然明確上海是「龍頭」，但江蘇、浙江實際上也在較勁；暗示上海正受到浙江、江蘇的緊逼，過去壟斷性的政治與經濟優勢不再。

汪洋引用京津冀地區作比較，稱其活力一直較差，也饒有意味。十八大之後，江派常委、國務院常務副總理張高麗任京津冀協調小組組長，因為進展緩慢，習近平多次表達不滿。汪洋言論形同暗批張高麗工作不力；而張高麗的接替人選正是韓正。

第三節

韓正與江澤民家族關聯

2014 年 5 月 14 日，韓正高調陪同久曾慶紅及江澤民兒子江綿恆參觀上海韓天衡美術館。不久傳出曾慶紅被祕密調查的消息。（新紀元合成圖）

江澤民自 1985 年先後任上海市長、市委書記，1989 年「六四」期間上台後，一直培養「上海幫」勢力。江澤民家族全面滲透、操控上海政商圈。韓正在上海長期任職，成為江澤民家族的「看門人」，與江家的貪腐黑幕密不可分。

韓正與江綿恆的祕密協議被曝光

中共十八大之後，韓正要被調離上海的傳聞就一直沒斷過，但頻頻落空。早在 2013 年 11 月 22 日，路透社報導中提到，江澤民希望韓正留任上海，照顧江系的家族利益。

據報導，韓正早年上位，是江澤民拍的板；其在上海灘能坐穩，也要有江澤民撐腰，可見韓正與江澤民家族的關係。

2014 年 5 月 14 日，韓正高調陪同久未露面的中共江派大佬、

前政治局常委曾慶紅及江澤民兒子江綿恆，並參觀了上海韓天衡美術館。不久就傳出曾慶紅接受中紀委祕密調查的消息。

2015 年中共十八屆五中全會前後，有關韓正與江綿恆的祕密協議被曝光。有港媒披露，江澤民的長子江綿恆被指是上海的「地下市長」。不僅上海市長楊雄對他言聽計從，他對上海市委書記韓正同樣頤指氣使。

報導稱，江綿恆曾向韓承諾：「只要你在任期內保證上海平安，擺平一切不安定糾紛（意思就是指保證江家平安，擺平涉江糾紛），下屆將保證你入常委。」所以韓正對習近平看似畢恭畢敬，但骨子裡仍聽命江家。

跨年夜踩踏事件 江澤民死保韓正楊雄

2014 年 12 月 31 日晚 23 時 35 分許，上海外灘踩踏事故造成 36 死 49 傷。當晚有數十萬市民湧入外灘陳毅廣場，面對跨年夜如此大的人流量，上海警方僅增派 500 人，導致現場人流失控，最後釀成悲劇。

慘劇發生後，網路上問責上海當局的聲音不絕於耳，認為上海市政府有不可推卸的責任，要求上海市委書記韓正、上海市長楊雄引咎辭職的呼聲不斷。

國務院總理李克強曾和韓正四次通話，李克強「嚴厲批評」韓正和上海市委、市政府犯了專業上低級錯誤，這是人為嚴重瀆職造成慘劇，是人禍。

2015 年 1 月 6 日下午，在中共召開的安全生產電視電話會議上，中共副總理馬凱稱，上海踩踏事件「社會影響極其惡劣」。

　　2015 年 1 月 21 日，上海市政府調查報告將事故定性為一起「公共安全責任事件」，稱這是因對活動預防準備不足、現場管理不力、應對處置不當等原因造成。這起「事故」讓上海黃浦區包括區委書記周偉和區長彭崧在內的 11 名官員受到記過、免職等處分。

　　但報告將責任全歸咎於黃浦區政府，市政府竟無人被問責，令外界質疑；連中共官媒也不斷追問為何未問責更高級別官員。

　　香港《前哨》雜誌 2015 年 3 月號報導，江澤民拚盡全力死保上海，因為兒孫泥足深陷的上海貪腐地堡，只要崩掉一個角，必然瞬間坍塌。在上海外灘 36 命踩踏慘案後，他雖親自出面力保，但韓正、楊雄仍差一點「人頭落地」。最後由黃浦區頭頭頂罪，而央級官媒仍一路追殺，接連發文直指「難辭其咎」的上海當局。

　　消息人士透露，央媒不理會既成處理決定，劍指市府當局，窮追外灘慘案元凶，則埋下一個伏筆，今後稍有差池，定必新帳老帳一起算。以上信號可看出，中南海隨時有力敲碎滬江貪腐一角。

韓正被鄭恩寵公開舉報

　　2014 年 9 月 19 日上午，上海維權律師鄭恩寵臨時改道，甩開陪同的警察和保安，前往中央巡視組上海駐地，狀告上海市委書記韓正，並已將十幾萬字的材料通過其他管道轉交巡視組。

　　9 月 22 日上午鄭恩寵妻子蔣美麗出門甩掉國保跟蹤後，成功到達中央巡視組駐地再告韓正，在舉報登記表上附上了二個佐證韓正直接下令嚴控鄭恩寵的證據。

　　上海紀檢監察網 23 日 11 點 30 分開始，兩分鐘內公布了 11 名官員落馬名單，其中 7 人已移送司法審查，正接受調查的 4 人分別是中共前南匯區宣橋鎮黨委書記唐貴明、閔行區建設和交通委員會前主任吳仲權、南匯區規劃和土地管理局前副局長朱錦華、南匯區房屋土地管理局前局長張文駿。

　　鄭恩寵介紹，這幾個被查到官員全部是土地、規劃、房產方面的官員，全是江澤民兒子江綿康的馬仔。江綿康的權力太大了，他在背後支持韓正，而韓正作為江派的打手在前台活動。

　　8 月 19 日，陸媒披露前上海海關副關長卞祖耀等四名上海海關官員被帶走調查。8 月 21 日，有網民發帖稱，「抓上海海關的卞祖耀，今後可能的路徑是卞祖耀→華亮建設集團→上海建工→蛤（江澤民）的二兒子（江綿康）和韓正。」

港媒曝光韓正「六宗罪」

　　香港《爭鳴》雜誌 2017 年 7 月號爆料稱，現任上海市委書記韓正，是一個具有較大爭議的人物。目前，圍繞韓正的公開爭議主要包括以下六個方面：

　　一、韓正和前上海市委書記陳良宇存在拉幫結私的關係。

　　二、韓正當年曾經參與曾慶紅、陳良宇排擠黨內外享有「正直、廉潔」名望的前上海市長徐匡迪的政治鬥爭中，一度引起上海市民反彈。

　　三、韓正曾動用行政經費、稅收，給處級以上的退休官員白送一套住宅（面積從 140 多平米到 220 多平米不等），直到習近平 2007 年擔任上海市委書記後才停發。

四、韓正主掌下的上海，市、區、局、縣的黨政、政法班子中近60％的官員搞婚外情。

五、韓在上海主政期間，上海市發生過多起特大人員傷亡事故，如臨江路住宅火災、外灘人踩人慘劇等。

六、前中共上海市委書記、中共國務院副總理黃菊，在上海青浦修建豪華陵墓事件正在發酵，有待處理。

該文並爆料稱，「韓正不正」的說法在上海「家喻戶曉」，韓正及其家屬曾經持有四套豪華住宅，中共十八大後才上交了兩套住宅，現在持有的兩套住宅市值超過5千萬元人民幣。此外，中共十八大後，韓正主政下的「大上海」曾經被北京當局指「吃老本」、「不作為」。

十九大前韓正負面消息曝光

十九大前，中共上海市委書記韓正的政治仕途備受外界關注。同時，有關他妻子在上海慈善基金會任職一事也被報導。據報，該基金會曾多次被指為「官太俱樂部」，該俱樂部與上海前高官黃菊和陳良宇的妻子均有密切關係。

據香港《明報》2017年10月4日報導，該基金會曾多次被指為「官太俱樂部」。報導說，韓正的妻子萬明曾任上海市慈善基金會副理事長，這個基金會1994年由上海市政協牽頭成立，時任上海市長、後來升至政治局常委的黃菊的妻子余慧文任副會長。

上海慈善基金會歷任理事中包括多名上海市高階女性以及市領導夫人，萬明自2009年接下余慧文的職位出任副理事長，余慧

文則轉做顧問。萬明直至 2016 年改選時卸任。而官網上萬明的職務一欄是「上海光大基強企業發展有限公司副總裁」，光大基強是一間由光大會展控股的諮詢公司，萬明曾在 2014 年出任董事，但該公司 2016 年已註銷。

報導說，落馬的上海前書記陳良宇妻子黃毅玲等亦曾短暫參與該基金會。

此外報導還說，韓正於 1988 至 1990 年在上海市大中華橡膠廠擔任黨委書記，曾被當時到該廠突然抽查的時任上海市長朱鎔基批評過。

韓正被追查國際立案追查

2014 年 7 月 6 日，追查迫害法輪功國際組織（追查國際）發布《追查上海市市委書記韓正迫害法輪功學員的通告》。

通告稱，自 1999 年 7 月以來，上海市公、檢、法、司和「610」系統對法輪功學員實施群體滅絕性迫害，司法系統作為執法機構，公然剝奪公民的信仰權利，非法抓捕、關押、酷刑虐待、庭審、無罪判刑，造成眾多法輪功學員致傷、致殘、致死。特別是警察等執法人員公開犯罪，其性質已黑社會化。本組織對上海市委書記韓正立案追查。

通告稱，據不完全統計，自韓正出任上海市副市長、市長和市委書記以來，上海本地法輪功學員和外地來滬的法輪功學員被迫害致死者達 41 名。根據海外明慧網的報導，2011 年一年，上海法輪功學員有 20 多人或被關精神病院或被迫害致瘋致殘，1000多人次被非法抓捕到「洗腦班」迫害，300 多人被非法勞教，300

多人被非法判刑，數千人被任意非法拘留、抄家、罰款、騷擾、監控、跟蹤，另有近 300 名不知確切地址、外地來滬被關監、勞教、非法判刑的法輪功學員。眾多的家庭被迫害得妻離子散、家破人亡。

上海地區被非法關押迫害的法輪功學員數量迄今仍在不斷攀升。2014 年 1 到 5 月間，上海地區又有近 80 名法輪功學員被非法抓捕。上海市知識界的法輪功學員被迫害得尤為嚴重。根據曝光的案例統計：上海市高校被非法抓捕、「洗腦」、勞教、判刑的法輪功學員中，獲得博士學位的（包括教授等）23 人，被迫害致死 4 人；獲得碩士學位的 28 人，被迫害致死 1 人；大學本科學歷的 87 人，其中 1 人失蹤，3 人被迫害致死。

通告稱，迄今為止，上海市對法輪功學員的殘酷迫害仍在繼續。韓正作為上海市委和上海市的主要負責人，對此難辭其咎，罪責難逃。

第四節

韓正被調虎離山「後院起火」

江綿恆在上海「圖方便、求特權」打著的旗號就是江澤民。上海這個江澤民父子的獨立王國，如今習舊部李強入主，正是針對江家父子腐敗在「斬草」。（新紀元合成圖）

　　韓正十九大入常，被調虎離山後，習近平「之江新軍」接管江澤民老巢，上海政商圈清洗動作不斷，官場恐慌；韓正「後院起火」，仕途陰影加重。

習舊部李強履新講話含殺機

　　2017 年 10 月 29 日，習近平當局免去韓正上海市委書記的職務，調新任政治局委員、江蘇省委書記李強出任上海市委書記。

　　李強是習近平在浙江的舊部，習近平主政浙江省時，把時任溫州市委書記的李強提拔為省委祕書長、省委常委，李成為習的大祕。

　　在交接大會上，李強發表講話，暗示習近平指派他到上海工作，是對他的「巨大信任與厚愛」，並稱將帶頭抵制和反對「一

切消極腐敗現象」。

隨後，李強又鄭重聲明，決不允許任何親友和身邊工作人員在上海「圖方便、求特權」，如果有人打著他的旗號來辦事，請大家一律不要理睬，對任何違法違規現象必須從嚴查處，並請大家對他進行監督。

其中，反對「消極腐敗現象」的講法，讓人聯想起 2017 年兩會上，習近平在上海代表團批評上海官場「不作為」、「懶政」的講話。

李強痛批「親友特權」的發言，更引起海內外輿論關注。編輯部設在北京的「海外」黨媒多維網，以「暗有所指」為題報導了這段講話，但沒有點明「所指」為何。外界解讀，李強針對的是江澤民家族。

上海是江澤民的政治老巢，有魔都之稱。江澤民自 1985 年先後任上海市長、市委書記，隨後在 1989 年「六四」期間上台後，一直培養「上海幫」勢力。江澤民家族全面滲透、操控上海政商圈，江澤民的兩個兒子江綿恆、江綿康深涉上海政商圈貪腐大案，其侄子吳志明掌控上海政法系統長達十餘年。

韓正被調離 上海官場現恐慌

就在韓正被免職四天後，港媒披露，11 月 2 日，上海市委統戰部副部長戴晶斌頸部纏繞皮帶，吊在市委統戰部 6 樓冷氣外機，已經身亡。消息指，戴晶斌原要調至上海寶山區任區長，但被舉報有「違紀違法」行為。

11 月 7 日，又有消息稱，戴晶斌自殺很可能與上海「千人計

畫」創業園項目有關。這一消息若屬實，無疑會牽扯「千人計畫」創業園項目的巨大利益黑幕。

喬治華盛頓大學教授、「中國問題專家」沈大偉11月9日在約翰霍普金斯大學就中國問題發表演講時，談到中共十九大之後中國的政治氛圍。沈大偉透露，他8日剛同上海來的一個代表團見了面，「他們告訴我所有的一切都停止了。大家擔心晚上被帶走，被『雙規』」。

早在2016年，上海維權律師鄭恩寵就透露，「上海官員現在日子不好過，睡不著覺……，不是這個官被拋出，就是那個官被下馬，出來一個人都是一大片，他們互相之間都像是蜘蛛網一樣，這是個非常大的貪腐集團。」

習當局設立上海自由港

2017年11月13日，新華社旗下《經濟參考報》發表頭版頭條文章稱，上海建設自由貿易港方案，已報送至國家有關部委；上海自由港規劃，是自貿區3.0，將在封閉管理下，實現貨物貿易不報關、不完稅、轉口貿易不受限制。

此前，習近平在十九大報告中提出「探索建設自由貿易港」。11月10日，汪洋在官媒人民網發表6400字長文《推動形成全面開放新格局》。

汪洋在文章中對自貿港做了定性，「自由港是設在一國（地區）境內關外、貨物資金人員進出自由、絕大多數商品免征關稅的特定區域，是目前全球開放水準最高的特殊經濟功能區」。

文章並特別點出，香港、鹿特丹、迪拜等城市都是比較典型

的自由港。這顯示了未來的自由港建設方案，將以這些自由港作為藍本。

十九大之後，習近平前大祕李強接替上海幫人物韓正出任上海書記，標誌著習陣營政治上接管江澤民老巢。與此同時，習還給李強安排了一份大禮：設立上海自由港經濟特區；這為經濟上實質性接管上海提供了保障。

這意味著上海政商圈重新洗牌將全面啟動；江澤民家族的利益黑幕面臨被曝光與清洗。

習嫡系將領出任上海戎裝常委

2017 年 12 月 29 日，大陸《新京報》微信公號「政事兒」發表文章「上海新晉 1 常委，這個調整很重要」。報導稱，中共中央批准：凌希任上海市委委員、常委。

凌希時任上海警備區政治委員，少將軍銜。這是自 2016 年新一輪省級常委換屆，「戎裝常委」退出後，首個再補的常委班子。

凌希曾任廈門警備區政委、南京軍區政治部副主任，2016 年 6 月，轉任東部戰區政治工作部副主任；2017 年 5 月，出任上海警備區政委。

習近平曾在廈門任職，南京軍區也被視為習的嫡系勢力；凌希應是習陣營嫡系將領。

2017 年北戴河會議前夕，習近平當局繼密集調整省級武警總隊主官後，又調整多個警備區高層。其中，上海警備區政委等主官換人，其司令部等四大部降格為「一辦四局」，尤其令人關注。

習嫡系將領凌希任上海警備區政委及上海市戎裝常委，是習

加強掌控上海的又一動作。

吳志明卸任上海政協主席 官媒用詞罕見

2018 年 1 月 15 日，上海市政協舉行十二屆四十次常委會議。會議決定調整、增補十三屆市政協委員人選。至此，十三屆市政協委員名單產生，共 835 名。江澤民的侄子、時任上海政協主席吳志明的名字沒有出現在 835 人名單當中。

1 月 27 日，上海市政協第十三屆委員會第一次會議，選舉董雲虎為市政協主席。吳志明在上海政協改選大潮中落選，失去上海政協主席一職。

法廣等外媒引述韓媒朝鮮日報的報導稱，中共官媒新華社 1 月 23 日的報導說，在前一天舉行的上海政協會議中，吳志明未能成功當選下一屆政協委員，換言之，他將在此次政協會議之後卸任。

報導稱，在退休年齡限制相對寬鬆，通常會允許發揮餘熱之後再卸任的地方政協，像吳志明這樣完成一屆任期後，未連任直接卸任委員職位的情況實屬罕見。

該報導認為，這也表明了習近平親信勢力在掌握上海的同時，以上海為根據地的江澤民的影響力正在迅速被削弱。

吳志明是江澤民弟弟江澤寬之子，被江澤民一手提拔。吳志明 1998 年起歷任上海公安局長和政法委書記長達十多年，積極追隨江澤民迫害法輪功。吳志明因此被海外追查迫害法輪功國際組織列入惡人榜。

近年來，吳志明政法系統搭檔接連落馬，其本人被中紀委約

談、被查等出事傳聞不斷。

至此，上海幫三大要員、原上海市委書記韓正、市長楊雄、政協主席吳志明全被調虎離山。2018 年兩會上，楊雄與吳志明被貶到全國政協系統任閑職。

之江新軍接管江澤民老巢

2018 年 1 月 28 日，中共上海市十五屆人大一次會議舉行第四次全體會議，應勇續任上海市長，周波、翁鐵慧、時光輝、吳清、許昆林、彭沉雷、陳群、龔道安出任上海市副市長。經過這次換屆，上海市政府正式形成「一正八副」的領導班子。

其中，六名副市長為留任。吳清稍早前由上交所理事長調任上海市政府工作。首次當選上海副市長的龔道安目前為上海市公安局長兼黨委書記，2017 年從公安部十二局副局長職位空降上海。

此外，這次換屆，上海首任監察委主任產生，上海紀委書記廖國勛出任上海市監察委員會主任。廖國勛是習親信栗戰書的貴州舊部，2016 年底由浙江省組織部長職位調任上海紀委書記。

巧合的是，新任上海市委書記李強、市長應勇、人大主任殷一璀和政協主席董雲虎全為浙江人，其中李強是浙江裡安人，應勇和董雲虎是浙江仙居人，殷一璀為浙江蒼南縣人。四人均可算作習近平的「之江新軍」嫡系官員。

上海幫三大要員被調離，習近平之江新軍全面接管上海，標誌著江澤民的政治老巢已被攻陷。

2 月 1 日，李強主持上海市委常委「民主生活會」。據官方報導，會議開了一整天。會上，李強首先作了對照檢查，要求人

人過關；市委常委隨後逐一進行個人對照檢查。

上海梅林正廣和總經理徐榮軍被查

上海人事洗牌的同時，政商圈清洗行動同步展開。

2018 年 1 月 19 日，銀監會通報，就浦東發展銀行成都分行違規發放貸款案件，對其罰款 4.62 億元，浦發銀行成都分行原行長王兵，及多名涉案高管被移交司法機關處理，成為 2018 年銀行業開年第一大案。習陣營 2018 年金融反腐第一槍指向上海。

2 月 1 日，上海市紀委官網披露，上海梅林正廣和股份有限公司原總經理徐榮軍被查。徐榮軍目前還是光明地產董事會的成員。而梅林正廣和與光明地產，都是隸屬於上海重點龍頭國企光明食品集團旗下的上市公司。

光明集團前身是上海益民食品一廠，江澤民在 1950 年代擔任副廠長時，曾為早期生產的一款冷飲取名為「光明」，並成為改制後的集團名稱。

2014 年 7 月，光明集團原董事長王宗南涉受賄被逮捕，2015 年 8 月獲刑 18 年。王宗南是江澤民親信，與江家族關係密切。

兩會前夕華信能源董事長葉簡明被抓

香港《南華早報》2018 年 3 月 2 日報導，中國最大民營石油企業華信能源的董事長葉簡明被拘禁調查後，上海當局接管了華信的經營權。接管華信的機構，是上海市當局下屬的投資公司國盛集團，這一行動由上海市副市長親自負責。

3月1日，大陸財新網發表長篇特稿《中國華信葉簡明被查複雜政商關係網起底》，曝出葉與政、商、軍、黑都有相互關係。

報導說，早在2011年搖搖欲墜之時，華信就成立了兩個基金會：在上海成立華信公益基金會，由前一年剛退休的上海警備區前政委李光金擔任執行理事長，中央軍委辦公廳管理局前副局長王宏源擔任常務理事。在香港成立中華能源基金會，聘請香港民政事務局前局長何志平擔任祕書長。

2012年，葉簡明在華信籌建黨委，由退休的武警上海總隊前副政委、武警上海政治學院前院長蔣春余擔任黨委書記。

葉簡明還聘用中央軍委辦公廳前副軍職軍官王宏源擔任華信顧問中心祕書長。籍貫浙江義烏的王宏源通過鄉誼和戰友關係，運作了一批將軍成為華信的顧問。

3月5日，韓國《朝鮮日報》指，華信能源以上海為根據地，進軍石油行業僅五年，就迅速成長為僅次於三大國營公司的最大石油企業。率先曝光葉簡明被抓的財新網披露，「給華信發展提供了決定性幫助的是上海軍部勢力」，指明上海幫是其後台。

報導稱，這次行動的背後，是習近平清洗以江澤民為首的上海幫。

華信能源起家於江澤民的老巢上海，而其主要從事的石油產業，則是曾慶紅和周永康的利益地盤。曾慶紅和周永康都出身石油系統，是中共官場「石油幫」的兩任「幫主」。

此前被抓的金融巨鱷肖建華與吳小暉，都被指是曾慶紅家族的「白手套」，曾經參與製造2015年的大股災。外界猜測，葉簡明可能也有相似背景。近十年來，華信也與明天系、安邦一樣，構建了一個龐大的金融帝國。

自由亞洲電台引述消息指，除了安邦、華信之外，當局還將繼續接管三家民企巨頭，而這五家企業都涉及大股災。

十八大以來，習近平當局持續對上海官場進行清洗，但華信還是首家遭公開整肅的上海幫企業巨頭。另一家被指和江澤民家族關係密切的上海復星集團，也屢傳不利消息，復星董事長郭廣昌曾遭當局「問話」。

陸家嘴信託前董事長常宏受審 涉案超 7 億

4 月 2 日，上海陸家嘴金融發展有限公司前總經理、陸家嘴國際信託有限公司前董事長常宏涉嫌「貪污、非法經營同類營業、挪用公款罪」案在上海一中院開庭審理。該案未當庭宣判。常宏被指控，貪污罪的涉案金額為 2013 萬餘元人民幣，非法經營同類營業的涉案金額達到 5.89 億元，挪用公款罪的涉案金額達到 2 億元。

常宏於 2017 年 6 月被審查，2018 年 1 月 5 日被提起公訴。

從 1991 年起，常宏先後在上海市政府浦東開發辦公室、浦東新區管理委員會擔任主任科員、副處長、祕書等職位。2015 年 2 月，常宏由陸家嘴信託的控股股東上海陸家嘴金融發展有限公司推舉為董事長並兼任總經理，同時擔任愛建證券公司董事長、陸家嘴國泰人壽保險公司董事。

陸家嘴金融是上海陸家嘴集團旗下的子公司，後者屬於上海市浦東新區國資委的企業。經證監會和銀監會批准，陸家嘴金融除了已投資愛建證券和陸家嘴信託外，還與中國銀行、上海百聯集團等一起設立了中銀消費金融有限公司等多家金融機構。而上

海百聯集團曾經的掌控者王宗南，與江澤民家族關係密切。

第五節

習當局開殺戒 震懾上海幫

習當局對貪官開殺戒，「呂梁教父」張中生（左）3月28日被判死。同一天，吳小暉案在上海開審，吳從拒不認罪到痛哭認罪請求輕判。（視頻截圖）

2018年3月28日，山西省呂梁前副市長張中生貪腐10億元案，一審被判處死刑。同一天，安邦原董事長吳小暉案在上海開庭，被控集資詐騙652億職務侵占100億，吳當庭痛哭認罪求輕判；習近平主持召開深化改革委員會第一次會議，審議通過《關於設立上海金融法院的方案》等加強金融監管的文件。

官媒此前起底安邦集團與吳小暉，牽出上海幫與江綿恆的利益網絡。習當局開殺戒，釋放金融反腐升級信號的同時，選在上海審判吳小暉，對上海幫與江澤民家族的震懾意味令人關注。

「呂梁教父」張中生貪 10 億被判死刑

3月28日上午，山西省臨汾中級法院，對有「呂梁教父」之稱的呂梁市原副市長張中生受賄、巨額財產來源不明案一審宣

判。張中生被以受賄罪判處死刑，另有巨額財產來源不明罪判 8 年，對其決定執行死刑。

判決指，張中生在 1997 年至 2013 年期間，以山西省中陽縣縣長、縣委書記、呂梁地區行署副專員、呂梁市委常委、副市長等職務便利，為他人提供幫助，藉以索取、非法收受逾 10.4 億人民幣財物，其家庭財產、支出明顯超過合法收入。

法院還表示，根據 2015 年刑法，貪腐案量刑不再單純「計贓論罰」，而是以「數額＋情節」為量刑標準，張中生案有「特別嚴重情節」，所以被判死刑。

呂梁市是中國貧困市之一，張中生作為當地的副市長，其受賄超過 10 億，網上很多人表示震驚。十八大以來，很多案件，包括周永康、薄熙來等大老虎，據傳貪污數千億都沒判死刑，只是官方公布的貪腐數據沒有象張中生這麼嚴重。外界質疑，就連窮困山區副市長都貪污 10 多億，還能相信以前的那些貪腐案例判決書的數額嗎？

習當局釋放對貪官開殺戒信號

2016 年 11 月 11 日，內蒙古自治區政協原副主席、公安廳長趙黎平一審被判處死刑，成為中共十八大後首個獲死刑不緩刑的落馬官員；2017 年 5 月 26 日趙被執行死刑。趙黎平是因受賄、故意殺人等數罪並罰，被判死刑。

張中生是十九大以來首個被判死刑的官員，也是十八大以來貪腐犯罪適用死刑的第一人。

外界關注，如果案件死刑覆核後維持原判，這個量刑可能是

習當局釋放給各地官員的信號，意在表明中央對腐敗的懲治力度不會放寬，要對貪官開殺戒。

吳小暉被控集資詐騙 652 億職務侵占 100 億

張中生被判死刑的同一天，3 月 28 日，上海一中院開庭審理前安邦集團董事長吳小暉涉嫌集資詐騙、職務侵占案，並在微博即時播報庭審情況。

起訴書指，吳小暉騙取中國保監會的銷售批覆，向公眾招募資金及進行虛假宣傳，非法募集資金規模急劇擴大，累計向 1056 萬餘人次銷售投資型保險產品，實際騙取人民幣 652.48 億元。

起訴書還提到，吳小暉分別於 2007 年、2011 年利用擔任安邦財險副董事長職務之便，指使公司高管採用劃款不記帳的方式，將保費資金 30 億元、70 億元劃轉至實際控制的產業公司。

公訴機關認為，吳小暉以非法占有為目的，使用詐騙方法非法集資；利用職務之便，將資金非法占為己有，犯罪事實清楚，證據確實、充分，應以集資詐騙罪、職務侵占罪追究刑事責任。

公訴人還說，吳小暉在案發後始終對其犯罪行為進行多種辯解，不具有從輕或者減輕處罰的情節。

吳小暉態度逆轉 當庭痛哭認罪求輕判

在近 10 小時的庭審轉播過程，吳小暉一開始拒不認罪，對指控的事實和罪名均提出異議，表示自己不懂法律，不知道行為是否構成犯罪，並反咬相關證人證言不屬實、鑑定意見不客觀。

他同時表示，30 億元有歸還、另外 70 億元用於購買房地產。

但到了最後陳述階段，吳小暉當庭表示「深刻反省」、「知罪悔罪」，對自己的行為表示「深刻懺悔」，請求從輕處罰。庭審於晚間結束，審判長宣布休庭，擇期宣判。

3 月 30 日中共央視公布的畫面顯示，吳小暉當庭痛哭，聲淚俱下，他還從身旁工作人員手中接過紙巾擦拭，並帶著哭腔說：「我深刻的懺悔，知罪悔罪」，「再一次請求法庭和有關方面，能夠從輕處理我本人。」隨後畫面便被剪切轉換。

吳小暉從拒不認罪，到最後痛哭認罪，並請求從輕處罰；態度逆轉，令人驚訝。一個合理的解釋是，很可能庭審期間，吳小暉獲悉了「呂梁教父」張中生貪 10 億被判死刑的消息，意識到自己可能面臨死刑的命運，心理防線崩潰而掙扎求生。

庭審後，就有網民質疑，「呂梁教父」貪 10 億被判死，吳小暉涉案 652 億如何處置？

吳小暉兩會前夕被提起公訴

2018 年 2 月 23 日，大陸保監會官網通報，安邦集團原董事長、總經理吳小暉因涉嫌經濟犯罪，已被提起公訴，保監會將對安邦集團實施接管，從即日起接管期限一年。

這是吳小暉傳出被抓捕 10 個月多以來，官方首次發布相關消息。2017 年 4 月 26 日，多家外媒引述消息稱，吳小暉涉案千億已經被控制。據報，從明天系掌門人肖建華到吳小暉等，都是參與了江澤民集團針對習近平的經濟政變，即 2015 年中國股災。

自民生銀行高層地震，到萬科股權之爭，背後均有安邦集團

身影若隱若現。2004 年，吳小暉在寧波成立了安邦。從當初成立時只有 5 億元的註冊資本，到 2016 年底，安邦的總資產達到了 2 萬億元左右。

自 2015 年初《南方周末》與財新傳媒接連發長文起底安邦與吳小暉，到如今吳小暉出事傳聞坐實，歷經三年。期間，安邦與吳小暉多次高調回應，繼續海外巨額收購；安邦與財新傳媒激烈對陣，甚至要對薄公堂。雙方的系列交鋒折射出背後政治博弈之劇烈。

吳小暉出事後，最為引人注目的是其鄧小平孫女婿身份，以及與諸多太子黨之間的密切關聯。吳被抓，被認為是習近平動刀紅色權貴的信號。

鄧小平家族迅速與吳小暉撇清關係

現年 52 歲的吳小暉是浙江人，有過三次婚姻。第一任妻子是溫州平陽縣當地官員之女；第二任為浙江省一位盧姓副省長之女；第三任妻子是在陳小魯的公司標基投資集團工作時邂逅的卓苒——前中共國家領導人鄧小平的外孫女、原中國科協黨組書記鄧楠之女。2004 年吳小暉與卓苒結婚之後，吳小暉創辦安邦保險集團並擔任 CEO 和董事長。

2015 年初，大陸《南方周末》與財新傳媒接連發長文起底安邦與吳小暉。當時，財新《新世紀》報導稱，吳小暉與卓苒夫妻關係已確認中止，「2014 年，因海外媒體多渲染安邦與鄧家的關係，鄧家曾小範圍開會討論過安邦的事宜，確認已與鄧家無關」。

2017 年 4 月份，中共保監會主席項俊波被抓後，港媒曾援引

北京消息人士的話，披露項俊波供出了吳小暉的問題，吳小暉被調查，其行動已經失去自由。

與此同時，鄧小平家族也迅速再次與吳小暉撇清關係。港媒援引中共太子黨成員的話透露，鄧小平的外孫女已經與吳小暉離婚，拒絕了與安邦有關的財產分配。鄧家人言明支援習王反腐，並且向習王聲明，從未為吳小暉的商業活動向任何金融高管打過招呼。

據《大紀元》2017 年 6 月報導，北京一位紅二代老幹部確認，吳小暉已經不再是鄧小平家族的外孫女婿，他們離婚了。

陳毅之子陳小魯辯稱只是站台

卓苒曾與陳毅之子陳小魯合作設立標基投資集團有限公司，這也是卓苒與吳小暉相識的地方。

2015 年 1 月，《南方周末》報導，陳小魯在 2014 年 1 月之前，通過實際控制的三家公司——上海標基、嘉興公路、標基投資集團有限公司（現更名為美君投資集團有限公司），控制著安邦保險集團 51.36％的股權。

不過，2014 年安邦保險集團進行了兩次增資擴股，總計引入了 31 位新股東，註冊資本擴充到了 619 億元。而陳小魯旗下的四家公司，股東也都發生了變化。自此，在股權關係上，陳小魯上已經不掌握安邦集團的股權了。報導總結為「或隱或現陳小魯」。

2015 年 2 月，財新確認了陳小魯之前在微信發出的否認他是安邦實際控制人的內容：「我希望是實際控制人，可以給諸友發

大紅包！我與小暉合作快 15 年，就是顧問，一諮詢、二站台，無股份、無工資，不介入公司的具體經營管理，只做戰略諮詢，如 2013 年建議安邦收購國外資產，特別是美元資產。如此而已。感謝諸友關心。」

陳小魯並補充說：「我和小暉的合作就是站台。什麼是站台？就是很多老幹部受邀參加一些活動，往那一坐就完了。現在很多紅二代也是這樣的，錢都不（用）給的。」

朱鎔基之子朱雲來指吳小暉「空手套白狼」

2015 年初，媒體還曾報導朱鎔基之子朱雲來的安邦「董事」身份。但《南方周末》報導說，從記者獲取的安邦內部文件顯示，朱雲來根本沒有在安邦的法律文件中簽過名。

2014 年 10 月，《財新》雜誌在當時的報導中援引接近朱雲來的人士的話說，他曾在早期受邀出任安邦董事，但他沒有答應。只不過安邦一直沒有更新其董事名單，後在工商登記時又出錯。

《南方周末》的報導說，直到 2014 年 9 月 25 日安邦董事會成員調整後，朱雲來的名字才正式從安邦董事名單中消失。

值得關注的是，2017 年 3 月 26 日，參加博鰲亞洲論壇的朱雲來與吳小暉有一場公開對話。

朱雲來在發言中對安邦收購華爾道夫酒店用了一句俗語「空手套白狼」來評價，他說：「比如說你買了華爾道夫，你把它做成住宅了，（這是）中國典型的經典的打法——空手套白狼。」

對於吳小暉的相關解釋，朱雲來又回應道：「這天上掉餡兒餅的事怎麼不掉我的頭上呢？」

朱雲來稱吳小暉「空手套白狼」，看似笑談，但在吳小暉處境不妙信號頻傳之際，朱雲來的話頗耐人尋味。

官媒起底安邦 牽出江綿恆利益網絡

2017 年 5 月 8 日，中共官喉《人民日報》旗下的《中國經濟周刊》刊發長文「揭祕安邦帝國」，分析了安邦如何從代理銷售車險起家，「蛇吞像」並購成都農商行，利用保監會的萬能險寬鬆政策大發，再大舉投資金融和房地公司等過程。

文章提及，安邦集團的前身是 2004 年成立的安邦財產保險股份有限公司（安邦財險）。安邦財險的發起人為上海汽車集團（上汽集團）等 7 家法人單位，上汽集團時任總經理胡茂元為安邦財險首任董事長。工商登記資料顯示，安邦集團法定代表人 2014 年變更為吳小暉之前，一直是胡茂元。

依託上汽集團，2005 年起安邦財險在上汽的 4S 店代理銷售車險，當年安邦財險的保費收入就突破了 10 億元。

公開資料顯示，安邦現任董事長吳小暉曾在浙江掌控聯通租賃集團和旅行者汽車，這兩家企業分別在 1996 年、1998 年成立，是上汽集團最大的銷售商。也就是說，吳小暉很早就與上汽集團有密切聯系。

上汽集團由上海聯和投資公司（上聯投）控股，屬於江綿恆的利益地盤，在江綿恆多得數不清的董事頭銜中，其中之一是上汽集團的董事。

1994 年，江綿恆用數百萬人民幣「貸款」買下上海市經委價值上億元的「上聯投」，並出任董事長和法人代表。

除了上汽集團，中石化集團也位居安邦財險大股東之列。目前中石化集團連續兩任總經理蘇樹林、王天普已先後落馬。蘇、王兩人是曾慶紅、周永康的石油幫馬仔。

官媒起底安邦集團，牽出江綿恆利益網絡，暗示安邦集團幕後勢力是江澤民利益集團與江澤民家族。

習陣營劍指安邦背後勢力

中共十九屆三中全會及兩會前夕，被抓捕近一年的安邦集團董事長吳小暉被提起公訴。吳小暉出事前後，親習陣營媒體在起底安邦與吳小暉的同時，將鄧小平家族、陳小魯、朱雲來等太子黨與之作出切割；另一方面，官媒起底安邦集團，牽出江綿恆利益網絡。

這些跡象已透露習陣營要打擊的目標，也即安邦集團幕後勢力，很可能是江澤民利益集團與江澤民家族。

就在陸媒披露吳小暉被帶走調查消息的當天，2017 年 6 月 13 日，中共官媒《廉政瞭望》在其微信公眾號重發人大教授毛昭暉 5 月初寫的文章《金融反腐剛剛起步，遠未到高潮》。

習設立上海金融法院 震懾上海幫

上海是中國金融中心，也是江澤民的老巢。習近平當局以張中生貪腐案釋放開殺戒的信號的同時，在上海開審安邦吳小暉案，震懾上海幫及江澤民家族的意味不難想像。

與之呼應的是，習近平 3 月 28 日下午主持召開中央全面深

化改革委員會第一次會議並發表重要講話。他強調，深化黨和國家機構改革全面啟動，標誌著全面深化改革進入了一個新階段，改革將進一步觸及深層次利益格局的調整和制度體系的變革。

會議審議通過一系列文件，其中包括《關於設立上海金融法院的方案》、《關於形成參與國際宏觀經濟政策協調的機制推動國際經濟治理結構完善的意見》、《進一步深化中國（廣東）自由貿易試驗區改革開放方案》、《進一步深化中國（天津）自由貿易試驗區改革開放方案》、《進一步深化中國（福建）自由貿易試驗區改革開放方案》、《關於規範金融機構資產管理業務的指導意見》、《關於加強非金融企業投資金融機構監管的指導意見》、《關於改革國有企業工資決定機制的意見》等有關經濟改革與金融監管的文件。

習近平特別強調，設立上海金融法院，對金融案件實行集中管轄，目的是完善金融審判體系，營造金融法治環境。

上海金融領域醞釀大風暴

之前中共兩會上推出機構改革方案，銀監會與保監會合併為銀保會，中央財經領導小組升級為中央財經委員會；目前，由中央財經委員會、國務院金融穩定發展委員會（金穩委）、一行兩會組成的三級四機構，已然成為中國經濟決策與金融監管架構。

習近平料將繼續兼任中央財經委員會主任，習的經濟智囊、新任副總理劉鶴將執掌金穩委。另外，3月19日，易綱就任央行行長一職；3月21日，郭樹清任首任銀保監會黨委書記、主席；3月23日，郭樹清被任命為央行黨委書記。

3月27日，劉鶴前往北京市金融街視察「一行兩會」工作，分別聽取央行、銀行保險監督管理委員會、證監會的匯報。劉鶴強調，防範化解金融風險是當前金融工作的重中之重，要加強國務院金融穩定發展委員會的統籌協調作用。

當天，郭樹清主持召開銀保監黨委擴大會議；會議強調防範化解金融風險攻堅戰，深化銀行保險體系改革開放。

3月25日，央行行長易綱在中國發展高層論壇上警告，少數野蠻生長金融控股集團存在風險。

上述種種跡象顯示，習當局的金融清洗風暴將至。上海作為中國金融中心及江澤民利益集團的大本營，將首當其衝；安邦吳小暉案被拿來祭旗，其命運難料；清洗風暴或延燒其背後的上海幫與江澤民家族。

結語

十九大之後，習陣營接管上海，習江博弈進入新階段。韓正作為上海幫要員，長期在上海任職，與江澤民家族關聯密切，深涉上海政商圈貪腐黑幕；其仕途命運可說是凶多吉少。

有消息人士在十九大前稱，韓正此次將調離上海，進入中央；但進入中央未必是進入保險櫃。韓正要想平安著陸，唯一的機會是抓緊時間，全盤招供江澤民家族的貪腐等罪惡黑幕，將功折罪。

第六章

王滬寧黑馬入常後
被削權

連續輔佐江、胡、習三代中共總書記的「中南海首席智囊」王
滬寧在十九大黑馬入常,從幕後走向前台,直面中共意識形態
危機與輿論管控危機。王滬寧複雜的派系背景及其分管的敏
感工作,令中國政局更顯得撲朔迷離。

十九大新任中共政治局常委王滬寧,是在江澤民任內入駐中共中
央,成為所謂的「中南海智囊」。(Getty Images)

第一節

王滬寧最後一刻黑馬入常

中共十九大最後一刻,王滬寧(右一)
進入政治局常委會,排名第五,大出
外界預料。(AFP)

　　中共十九大最後一刻,王滬寧進入政治局常委會,排名第五,
大出外界預料。王滬寧在十八大時晉升為政治局委員,就已打破
了政策研究室成員不入政治局的常規;此次進入政治局常委會,
更被視為十九大「黑馬」之一。

十九大高層人事最後一刻才敲定

　　2017 年 10 月 26 日,中共新華網刊文《黨的新一屆中央領導
機構產生紀實》。文章透露,2017 年從年初開始,習近平就如何
醞釀產生新一屆中央領導機構人選問題,聽取中央政治局常委的
意見。4 月 24 日,習近平主持召開中央政治局常委會會議進行專
門研究,討論通過了《關於十九屆中央領導機構人選醞釀工作談
話調研安排方案》。談話調研和人選醞釀工作在習近平直接領導

下進行。

從 2017 年 4 月下旬至 6 月，習近平專門安排時間，分別與現任黨和國家領導、中央軍委委員、黨內元老談話，聽取意見，前後談了 57 人。

根據政治局常委會的安排，中央相關領導分別聽取了正省部級、軍隊正戰區職黨員主要負責人和其他十八屆中央委員共 258 人的意見。中央軍委負責同志分別聽取了現任正戰區職領導和軍委機關戰區級部門主要負責人共 32 人的意見。

在綜合意見建議的基礎上，2017 年 9 月 25 日，政治局常委會提出了新一屆中央領導機構的組成人選方案。9 月 29 日，中央政治局會議審議通過了新一屆中央領導機構人選建議名單，決定提請十九屆一中全會和中紀委一次全會分別進行選舉、通過、決定。

新華網的文章表明，十九大高層人事名單在 2017 年 9 月 25 日就已初步擬定。然而，距離 10 月 25 日新一屆常委最終亮相這一個月期間，包括英國路透社、金融時報、日本讀賣新聞、以及港台媒體給出多種版本的常委名單，焦點都是圍繞王岐山、陳敏爾、胡春華等人；幾乎所有版本都未看重王滬寧。

另外，十九大之前，曾先後傳出習近平的「大內總管」栗戰書、浙江舊部陳敏爾將入常接替劉雲山的消息。

直到十九大前兩天 10 月 16 日，海外博聞社和香港《明報》幾乎同時爆出了最新版本，這個版本赫然出現了王滬寧的名字，而以前的兩大熱門人物胡春華和陳敏爾都沒有入選；而這個版本最後被證實。

從這份名單可以得出一個判斷，習近平主導的於 9 月 25 日

擬定的十九大人事名單有變，直到會前才敲定最終名單，王滬寧是最後時刻才擠掉胡春華或陳敏爾入常。這也反證中共十九大內部爭鬥十分激烈，爭論不休，人事一直搞不掂，直到大會臨開幕了才無奈妥協。

王滬寧打破慣例「黑馬」入常

王滬寧是中共的核心智囊，先後輔佐過江澤民、胡錦濤、習近平等中共黨魁，是中共十六、十七屆中央委員，十八屆政治局委員，被稱為「三朝元老」，但王滬寧從政履歷單薄，出任的只是中共中央書記處書記、政策研究室主任等幕僚職務，並沒有擔任過封疆大吏，沒有主政一方獨當一面的經歷，甚至從未在公眾面前拋頭露面。

而按中共慣例，政治局常委人選需要擔任至少兩處重要省市的一把手進行歷練。中共十七、十八、十九等三屆常委幾乎都符合此條件，唯獨王滬寧是個例外。縱觀中共歷史，文人入常，除了陳伯達就是王滬寧，再無他人，非常罕見。

十九大常委亮相後，有消息聲稱，十九大內部鬥爭激烈，王滬寧上位曾遇江派阻撓，但習近平力挺他入常。

有分析認為，這種說法是不可信的，沒有任何依據。江澤民、曾慶紅為什麼要反對王滬寧入常？難道江曾還希望胡春華、陳敏爾入常？江曾勢力衰微大不如前是個不爭的事實，牌面上除了韓正外再也沒有合適的入常人選，推出王滬寧作為上海幫代表是合情合理的。畢竟王滬寧來自於上海，和江曾有很深的淵源和關係。

十九大中共內部對於權力的分配廝殺十分慘烈，入常熱門隔

代接班人孫政才提前落馬，備受關注的王岐山未能留任常委，大熱門胡春華和陳敏爾也沒能上位，而王滬寧卻能夠在最後一刻，擠掉習近平的親信陳敏爾，黑馬入常，主管中共意識形態，內幕很不簡單。至少說明，王滬寧即使不是習近平的政敵、江澤民集團強行推出的前台人物，也是雙方妥協後都能接受的對象。

十九大期間王滬寧活動異常

中共十九大於 2017 年 10 月 18 日至 24 日召開，期間，中共高層紛紛到各自所屬的代表團參加討論，但是，48 名副國級以上的中共領導人中，只有身為政治局委員的中央政策研究室主任王滬寧一人，沒有現身他所在的海南代表團，行蹤成謎。

五年前的十八大上，王滬寧作為中共中央書記處書記，曾經到自己所屬的西藏代表團出席討論會。

王滬寧究竟為何一直未參加海南團的討論，至今仍是一個謎。更為蹊蹺的是，在中共官方報導中，有關王滬寧的公開活動，也被不明原因的大面積刪除，甚至清空。

中共十九大期間，黨媒人民網有關領導人活動報導集欄目中，王滬寧個人信息只有簡歷保留，右側已完全「清空」。

另一黨媒新華網的報導中，2012 年 11 月 14 日前的報導介面提示，「抱歉！您查看的是已刪除或過期的稿件」，僅保留 2010 年 3 月 24 日，王滬寧陪同時任中共總書記胡錦濤考察寧夏一條消息，其餘均為空白。

這些異常現象，當時曾引發猜測：十九大常委爭奪戰激烈，或出重大狀況。

王滬寧當選人大代表信息被詭異刪除又恢復

2018 年中共兩會前夕，中共政治局常委習近平、李克強、栗戰書、汪洋等人早在 1 月 31 之前都已在各地「當選」中共全國人大代表，並被官媒高調報導。但王滬寧當選人大代表的消息遲遲未見官方報導。

大陸新浪微博 2 月 7 日晚發布了「31 省市區全國人大代表全名單」，顯示王滬寧在河北當選，澎湃新聞於 8 日早上進行了轉載，但沒過多久就遭到刪除；在新浪微博搜索「31 省市區全國人大代表全名單」也顯示無法搜索。截至 8 日上午 10 時，這些消息又恢復了正常顯示。

第二節

三朝「帝師」王滬寧
發跡於上海

王滬寧的發跡主要得利於國家安全部。1980 年代初王滬寧已經與上海國家安全局情報處建立密切聯繫。（資料圖片）

王滬寧背景複雜，起家於上海，由江派曾慶紅推薦進入北京，歷經江澤民、胡錦濤、習近平三任總書記不倒，算是政壇奇蹟。王滬寧被稱為中共「頭號理論化妝師」，是炮製中共理論的「高手」；其真正效忠誰一直備受猜測。

王滬寧受曾慶紅力薦進京

王滬寧 1955 年 10 月 6 日出生於上海，籍貫山東省掖縣（今山東省萊州市），1972 年被推薦到上海師範大學（今華東師範大學）外語系學習法語。1977 年任上海出版局幹部，在上海社會科學院從事研究工作。1978 年被錄取為復旦大學國際政治系碩士研

究生，1981 年獲得法學碩士。

畢業後，王滬寧留校任教，歷任復旦大學國際政治系教師、副教授、教授，1989 年任國際政治系主任，1994 年任復旦大學法學院院長。期間，曾在美國愛荷華大學、加州大學伯克利分校做訪問學者。1993 年，王滬寧以復旦大學辯論隊顧問身份，參加「國際大專辯論會」奪冠而成名。

1989 年，時任上海市委書記江澤民召集上海學者開會，解釋對《世界經濟導報》的整風。大多數與會者發聲反對打壓導報，但是王滬寧公開支持。這吸引了時任上海副書記曾慶紅的眼球。曾慶紅會後把王滬寧留下，把他介紹給江澤民。

據《江澤民其人》一書披露，江澤民當上海市委書記時對王滬寧這個名字很熟悉，雖然沒有見過他，但對他很崇拜，對他的著作非常著迷。數年後，當王滬寧被調入中央政策研究室工作時，初次見面的中共總書記江澤民，一開始就大段地背誦王滬寧著作的原文，讓王大吃一驚。

江澤民熱中於背誦別人的東西，一來是因為自己沒東西，公開做秀時經常答非所問，因為他根本就不知怎麼答；二來是為了顯示自己的「博學」。江澤民以為可以抬高自己而執意要塞進黨章和憲法裡的「三個代表」，原作者就是王滬寧。江澤民還時不時地背誦一段別人的東西，甚至古詩和外國經典來提高自己的身價，成為國人的笑談。

1995 年調王滬寧進入中央政策研究室，是由於曾慶紅的力薦。而吳邦國也曾有過請王滬寧任江澤民政治顧問的想法。吳邦國進入北京後，仍念念不忘要調王滬寧入京輔佐江澤民，多次在江澤民面前提起。後來，王滬寧調入中南海後，江澤民與他見面

時曾開玩笑地說：「如果你再不進京，這一幫人可要跟我鬧翻
了。」可見江的親信曾慶紅和吳邦國對江的無能著急到了何種
地步。

1995 年，王滬寧以「國家主席特別助理」身份出任中共中央
政策研究室政治組組長；王滬寧進京不久，就為江澤民起草了十
四屆五中全會上的講話《論十二大關係》；1998 年 4 月，王滬寧
升任政研室副主任；2002 年晉升主任。

王滬寧盤踞中南海智囊機構

王滬寧最大的「貢獻」是為江澤民提出了「三個代表」和「與
時俱進」的理論，成為江澤民拒絕下台的「護身符」，並把此理
論作為自己的「創造性論述」塞進黨章和憲法。王滬寧曾是主席
特別助理，2002 年 11 月十六大上被江指定為中央委員。

2007 年 10 月 22 日，在中共十七屆一中全會上，52 歲的王滬
寧當選中共中央書記處書記，成為黨和國家領導人。他是繼鄧力
群之後，又一位理論界人士擔任中央書記處書記職務。

2012 年 11 月 15 日，在中共十八大上，王滬寧從 204 人的中
央委員會權力大名單，晉升至 25 人的決策核心圈，創下了中央
政策研究室主任進入政治局的先例。十八大之後，王滬寧緊密陪
伴習近平左右，成為新一屆中共高層的核心智囊；繼續擔負中央
政策研究室主任一職，同時兼任中央全面深化改革領導小組的祕
書長兼辦公室主任。

王滬寧盤踞中南海智囊機構長達二十餘年，直接參與了中共
重要理論文獻的起草工作，包括「三個代表」、「科學發展觀」

等重大論述，據報已寫入黨章的「習近平思想」，亦是出自他的手筆。

江澤民「三個代表」出籠內幕

2000 年 3 月初，《人民日報》發表了一篇評論員文章，推出三句話，即「三個代表」，首次作為江澤民的「思想」理論在全國範圍內推出。但不久，這場轟轟烈烈的宣傳就被證明是一出鬧劇。

「三個代表」到底是怎麼出來的，剛開始一般人誰也說不清。後來「三個代表」最紅的時候，王滬寧忍不住吐露真言，說自己是原作者，引起譁然。

王滬寧把「三個代表」的理論定下之後，2000 年 2 月 25 日下午在廣州珠島賓館與廣東官員的座談中，江澤民第一次完整地背誦下來：「共產黨始終代表中國先進社會生產力發展的要求，代表中國先進文化的前進方向，代表中國最廣大人民的根本利益。」

後來王滬寧又為江加了幾句話。5 月 14 日，江在上海主持召開黨建工作座談會說：「始終做到『三個代表』，是我們黨的立黨之本、執政之基、力量之源。」後面幾個詞就是王滬寧新加的。

「三個代表」不過是幾句並無實質內容的空話，一般臉皮薄一點的人還不好意思吹噓。但「三個代表」對於江澤民實在是太重要了，因為他必須得有理論才能站得住腳。江澤民也著急要為自己立碑，想方設法與毛、鄧理論並列，塑造出江澤民「第三代理論權威」的形象。於是，這個空洞無物的「三個代表」在江澤

民的命令下被官方喉舌捧上了天。江在任時，費盡心機要把這三句話寫入黨章和憲法。

不管江澤民怎麼想，不管媒體怎麼吹捧，大會小會地學習、貫徹，還是沒有多少人把「三個代表」當真。

自「三個代表」出台以來，三個代表論在黨內外遭到廣泛批評。

《求是》雜誌研究室、中央黨校理論研究室在「三個代表」思想學術研討會上提出：「三個代表」思想究竟是在什麼時期形成的，黨內是個謎，理論界也是個謎。」會上有人表示，「三個代表」是黨內人為地樹立江澤民「偉大」、「英明」、「卓越」的形象。還有人說，黨內對「三個代表」思想學習、實踐的宣傳，在很大程度上是交任務、搞形式、教條，是政治上的欺騙。

前中共中央政治體制改革研究室主任鮑彤認為三個代表論起到的是照妖鏡的作用，因為「始終代表最廣大人民」是空話，「始終代表先進文化」是謊話，「始終代表先進生產力」則是官商一體的同義語。軍中元老楊白冰更公開說「三個代表」是垃圾思想。

有人說，所謂「先進文化」、「先進生產力」，實際上就是墮落文人、專制吹鼓手和新興官商、資本家的集合體，至於說「最廣大人民的根本利益」則是徹底的謊言。最廣大的農民中許多人靠賣血賣腎賣淫活著，得了愛滋病，死活無人問；中共常說的「工人階級老大哥」至少有三千萬下崗，江澤民可從來沒有想過去代表他們。

2002 年，中共十六大被推遲，據內部消息披露，一個重要原因是因為黨政內部對「三個代表」思想的認識和貫徹都有「較大」差距。

王滬寧為違心推「三個代表」作檢討

在江澤民失勢後，有消息稱，時任中央政策研究室主任的王滬寧先提出到社科院當副院長，對方表示不歡迎，王又要求到高級黨校當副校長，又被婉拒。

2015 年 9 月，據香港《動向》雜誌報導，中共政治局委員、中辦主任栗戰書在對吉林、山西和江蘇省委等有關工作報告中，針對習慣將馬克思主義、毛澤東思想、鄧小平理論、三個代表思想及科學發展觀並列作為開場白的做法提出批評。栗戰書並批語稱：「形式化要改一改，什麼報告都要千篇一律加上主義、思想，本身就不是求真務實。」栗戰書直接將報告中「毛澤東思想」和「三個代表」等詞句圈掉。

《動向》還披露，在 2015 年「七一」前夕，中共政治局委員、中央政策研究室主任王滬寧在中央書記處會議以及中央部委辦負責人會議等場合均特別提出，黨內習慣把江澤民任總書記時期稱為第三代領導核心等，這樣的提法不科學、不符合實際。他還強調，在今後黨的文件上、黨史上都要作出必要的糾正，不能含糊。

香港《爭鳴》雜誌 2014 年 8 月號刊文報導，7 月上旬，在中共中央政治局組織生活會上，時任中共中央政策研究室主任、中央全面深化改革領導小組祕書長兼辦公室主任的王滬寧，作了自我反思，承認違心推出「三個代表」等，請求辭職，並重返學校執教。

文章稱，王滬寧承認當年違心與曾慶紅推出「三個代表」江理論。他表示，在研究、討論期間也提出過保留意見，但最後還是贊同了，並且參與大樹特樹江澤民思想，甚至將其與馬主義、

鄧理論相提並論。

此外，王滬寧還檢討說，在推行「穩定壓倒一切」方針下，違背並踐踏了依法治國和依法施政宗旨，使國家付出慘痛代價。

文章還說，王岐山曾親自找王滬寧談話，要求其正視其問題的危害性，爭取主動，不要自找壓力的情況下，王滬寧承認四點錯誤：

第一，對家屬、親屬及身邊工作人員放縱；第二，被親屬、同事利用進行斂財；第三，向江澤民和胡錦濤原屬下高官洩密中共政治局內部機密；第四，個人生活作風一而再、再而三失足。

文章稱，王滬寧在會上第三次提出引咎辭職，重返學校執教。但未獲批准。王上一次提出辭職是在 2012 年中共十八大前夕。

文章最後評論說，王滬寧沒有提及現時的「中國夢」和「七不講」，或許是他能再次獲得挽留的關鍵。

王滬寧三次婚姻祕聞

王滬寧不僅是江澤民「三個代表」的背後策劃者，也是中共國家安全部兼職大特務。早在復旦大學任教時，他就專門收集美國西方情報，監控與復旦交流的外國學者。

王滬寧的前妻周琪是他在復旦的校友，周琪的父親據稱是中共國家安全部主管政治情報分析的副部級官員，一直掛名在國際關係研究中心。

王滬寧的發跡主要得利於國家安全部。國家安全部會利用學者收集情報，王滬寧在 1980 年代初已經與上海國家安全局情報處建立密切聯繫。

據港媒報導，上海市國安局負責跟他聯繫的人當時幾乎是公開化，人人皆知。王的任務有二：一是收集與復旦國政系交流的外國專家學者的情報；二是研究美國和西方政治動態。

王就每次把自己收集到的成果一式兩份，交一份給上海國家安全局情報處。

從 1987 年開始，王滬寧固定從上海國家安全局領取撥發兼職官員補貼。王滬寧的學術成果都通過這種方式上報中央。王滬寧得到江澤民器重後，與國家安全局關係結束。

王滬寧與周琪兩人貌合神離，王調入中南海後兩人在 1996 年祕密離婚，沒有孩子。周琪現為中國社科院美國研究所研究員。

兩年後，王滬寧在極其祕密的情況下同他在復旦的學生、小他 12 歲的湖南女孩蕭佳靈結婚。他們的結婚非常祕密，地方民政部門查不到他們結婚的紀錄。圈內人說：只有江澤民才知道王滬寧祕密結婚。

1998 年底蕭佳靈前往日本東京大學完成博士後研究，原定一年。可是八個月不到，蕭匆匆回國。原因是蕭佳靈到日本後，被日情報機構盯上，欲進行策反，後北京國家安全部發現。國家安全部高層當時並不知道蕭佳靈與王滬寧的關係。經過查背景知道後，大為緊張，急令蕭終止留學回國。王、蕭兩人一個在北京一個在上海，終因聚少離多而離婚，蕭現為復旦大學國際關係與公共事務學院副教授。

王滬寧的第三任夫人是為青島美女，比王滬寧小 30 歲。具體姓名保密，據稱原是中央警衛局服務處的服務員，與王結婚後深居簡出，做了全職太太。

王滬寧得意門生與薄熙來傳緋聞

早年間，海外曾熱傳王滬寧當年出書鼓吹過的央視美女主播姜豐恰恰是薄熙來的緋聞「情人」，顯示王滬寧與薄黨之間也曾有欲語還休的關係。

曾經在央視任女主播的姜豐，年輕時曾是復旦大學辯論隊的一位「辯手」。1993 年新加坡廣播局和中國中央電視台聯合舉辦舉辦了首屆國際華語大專辯論賽，共邀請世界各地八所著名大學參加比賽，當時姜豐等四人代表復旦大學參賽而成為「獨占鰲頭的辯論高手」，而當時復旦代表隊的帶隊教練就是王滬寧。

2003 年，王滬寧和俞吾金主編了轟動一時的《獅城舌戰——十年珍藏版》一書，姜豐正是這本書中突出宣傳的主角。姜豐撰寫的「青春證明」和「青春無悔」兩篇文章是該書的主打文章和主要賣點。有媒體稱，與其說姜豐是這本書中要突出的主角，還不如說這本書是當年導師王滬寧給得意弟子姜豐出的。

知情者稱，姜豐和王滬寧關係曖昧。有復旦大學校友說，姜豐對王滬寧是一場「轟轟烈烈」的單相思，也有復旦校友說，在姜豐因「一辯」成名後開始向王滬寧公開表達愛意時，王的婚姻也正處於崩潰邊緣，他與他的同齡妻子周琪的關係已經到了無法挽回的地步。「當時還有一種說法是，若是王滬寧跟妻子離婚，很可能會和姜豐走到一起。」

然而，王滬寧在跟前妻離婚後，也沒有跟姜豐走到一起。兩年後，王滬寧同他在復旦的學生、小他 12 歲的湖南女孩蕭佳靈結合。

作為王滬寧的得意門生，姜豐後來逐漸涉入政商圈子，先是

與薄熙來金主徐明過從甚密，甚至被傳一度談婚論嫁。後來又被爆出與薄熙來關係匪淺，被坊間列為薄的幾大情人之列。薄熙來落馬被審時，中共官方發布的薄案判決書中曾出現姜豐的名字，令這種傳言平添幾分真實度。

庭審薄熙來時，薄谷開來證詞曝光了代薄谷開來管理法國別墅的原央視女主持人姜豐是大連實德集團董事長徐明的「女朋友」。

薄谷開來口述指，2011 年初，徐明到薄谷重慶家裡，她讓徐明找人接手別墅股權，「徐明就找了他的女朋友姜某，讓姜某去找德某某辦理接手股權的手續。後來，我簽署了律師文件，取消尼爾持有羅素地產公司 50％ 股份的文件，並將這部分股權轉讓給了德某某；後來，德某某也與姜某辦了手續。」

該別墅在姜豐負責管理之前的兩名管理人，分別為英商海伍德與法國建築師多維爾。

在薄案的系列庭審中，姜豐多次以徐明女朋友身份出現在公布的庭審記錄上。除了上述薄谷開來證詞，在姜豐的證詞中曾提及 2010 年起徐明以結婚為目的與其交往，「2010 年我與徐明明確了以結婚為目標的關係，海外資產逐漸收回，作為我們度假的別墅。」

但事實上，在 2010 年徐明以結婚為目的與姜豐交往時，姜豐還是英國人理查‧杜比之妻。根據她的博客的內容，2011 年她和杜比是夫妻關係。在姜豐於 2011 年 9 月 10 日發布的博客《新晉小學生家長》中，還寫道與丈夫理查一同參加兒子的家長會。由此可以判斷，在一段時間內，姜豐既是一個英國人的夫人，也同時是一個中國人的女朋友。

據判決書描述：薄熙來當年在大連和遼寧省當政掌權期間，在其「錢袋子」徐明的操辦下，用其受賄所得贓款購買了一棟位於法國戛納松樹大道 7 號的別墅，姜豐則是這棟別墅的代理人。

2013 年 8 月 8 日，姜豐自己也曾發布消息，承認自己是法國戛納一處豪宅的「管理人」，但她拒絕確認該房產的最終所有者。從姜豐發布的一組別墅部分內景照片可以看出，該別墅坐落在法國南部戛納一個山坡上，能觀賞到地中海海景，是一座擁有六臥室附帶游泳池、並有面積約 4000 平米花園的豪宅。

傳王滬寧對令計劃吹風：在查你

2015 年 5 月，在中共統戰部前部長令計劃被當局拘查接近半年之際，除了其貪腐內情逐漸曝光，更有海外中文雜誌爆料稱，當局在調查發現，令計劃落網前盜取機密文件 2700 多份，涉及中共政治、軍事、經濟、文化等方面；相信部分已被令的胞弟令完成帶到美國，成為要脅中南海的籌碼。

報導並指，令計劃任中辦主任期間，還通過收買中南海電話局女職員做情人，以及收買領導人身邊工作人員家眷等方式，監控和收集現任和離任高層的情況。

消息人士透露，王滬寧在政治局會議上已經做過兩次檢討，原因匪夷所思：他竟私下對令計劃吹風在查他！

2002 年中共十六大上，王滬寧當選中央委員，同年 10 月出任中央政策研究室主任。在中共十七屆一中全會上，王滬寧更與令計劃一道晉升為中央書記處書記，王滬寧與令計劃曾長期共事。

分析人士說，王滬寧應該沒有政治野心，也沒有參與令計劃

朋黨活動的意圖，從某種程度上說，他是出於對多年共事的令計劃的關心、提醒和規勸。他並不知曉令計劃背後的活動，也並不了解習近平對令計劃必欲去之而後快。

雖然王滬寧「立場不穩」、劃不清與朋黨首領、腐敗老虎的界線，不過截止目前，習近平只是讓他檢討，並沒有收回對他的信任。但是，王滬寧算是有了「前科」，習近平對他的信任不可能不大為縮水。

第三節

文宣狀況迭出
王滬寧如履薄冰

王滬寧在十九大後主管中共意識形態，隨後文宣系統出現一系列亂象。（AFP）

　　王滬寧在十九大後接管文宣系統，主管中共意識形態，隨後發生中共教科書刪改文革章節、黨媒刊文《消滅私有制》、查封《保衛改革開放》文章、文宣造假等亂象。外界質疑王滬寧在這一系列事件中充當的角色。

王滬寧接管意識形態與文宣系統

　　2017 年 11 月 17 日，王滬寧首次以「中共中央文明委主任」的身份出席「全國精神文明建設表彰大會」。2018 年 1 月 3 日，王滬寧出席了中共全國宣傳部長會議並發表講話。這兩個標誌性活動顯示王滬寧接替前常委劉雲山，主管中共意識形態與文宣

工作。

2018 年 1 月 25 日，北京日報旗下新媒體「長安街知事」報導，應衣索比亞人民革命民主陣線邀請，中宣部常務副部長、中央政研室副主任王曉暉率十九大精神對外宣介團，於 1 月 22 日至 24 日往訪。這條消息顯示，中宣部副部長王曉暉已接替黃坤明出任中宣部常務副部長。

王曉暉出生於 1962 年，吉林省長嶺縣人，畢業於吉林大學法學院。1986 年，王曉暉到中共中央宣傳部工作，歷任宣傳教育局副處長、處長、助理巡視員，政策法規研究室副主任、輿情信息局長、理論局長、中宣部副祕書長。

王曉暉 2009 年起出任中央宣傳部副部長兼新聞發言人。2014 年，他兼任中央政策研究室副主任，2017 年任中央政策研究室常務副主任，成為王滬寧的直接副手。

在此前後，王滬寧已頻頻高調「露面」官媒。據統計，十九大閉幕後 40 天裡，王滬寧十次露面「九次做主角」；出鏡率僅次於習近平。

其中，2017 年 11 月 13 日，中共官媒以「王滬寧布署後 10 天，36 路人馬覆蓋全國」為題，高調報導王滬寧布署了 36 支所謂十九大精神全國「宣講」人馬。這一報導口徑也讓外界窺見王滬寧異常高調的用權風格。

12 月 2 日，王滬寧會見了外界政黨高層，而當局為外國政黨領導人準備的晚宴的邀請函，罕見以王滬寧名義發出，陸媒稱這是少有的事。

12 月 3 日，第四屆世界網際網路大會上午在浙江烏鎮開幕，王滬寧發表主題演講，強調「網路主權」，為中共管控網際網路

背書。

在 12 月 8 日美國之音「焦點對話」中,時評家陳破空表示,40 天十次亮相,王滬寧的出鏡率超過其他常委。一方面,是分工的客觀結果。七常委中,以主管意識形態的書記處常務書記和中紀委書記角色最為吃重,而且,他們在黨代會後,立即到位。其他角色如人大委員長、政協主席、副總理,則要等到兩會後才能換屆到位。另一方面,王滬寧主管意識形態,近期意識形態領域活動特別多,造成他高頻率出場。

陳破空說,王滬寧露面太多,對他本人不一定有利。一來不符合他歷來低調的風格,容易讓外界看出他的弱點;二來會引起其他常委的嫉妒,潛伏權力鬥爭的風險。一旦出錯,政敵會揪住不放,讓他提前在政治上受傷。

中共教科書突刪文革章節

2018 年 1 月 10 日,署名「講史堂」的公眾號發文披露新版歷史教科書刪去了「文化大革命」一課。該文發出不到四小時即被刪除,「講史堂」次日用圖片版予以重新發布。

根據對比網上流傳的部編本新版歷史教科書八年級下冊內容可知,舊版第二單元的第七課,為「文化大革命的十年」。而部編本新版,「文化大革命的十年」不再出現在第二單元目錄中,合併為第六課,統稱為「艱辛探索與建設成就」。

其內容描述部分也出現變化。對於文革原因,舊版教材描述為「毛澤東錯誤地認為黨中央出了修正主義,黨和國家面臨資本主義復辟的危險」。

新版教材將「錯誤地認為」的「錯誤」刪除，只保留了「認為」。標題中的「動亂和災難」兩個詞也消失了。

在論述文革影響時，新版教材添加了一個新說法，稱之為「世界歷史總是在跌宕起伏的曲折過程中前進的」。

部編本教材指的是由中國教育部組織編寫的義務教育階段的語文、歷史、政治三科教材。其中歷史教材由教育部會同中宣部編寫審定。這套教材，將在 2019 年全面覆蓋中國中小學，取代過去統一大綱下多版本的教材。

文章稱，這本《中國歷史》八年級下冊，將在 2018 年寒假結束後的初二年級新學期使用。八年級下冊部分還未得到高層簽字，尚未印刷。

此消息立刻引起了相關部門的注意。中共教育部連夜發文「闢謠」，稱在第六課中，將「文化大革命」單獨作為一個專題。「講史堂」公眾號則回應，「專題」只是一課主題中的次要內容，一課可以有若干的主題，比如部編本新版歷史教科書第一單元第二課中的專題「黃繼光邱少雲」。也就是說，「文化大革命」的專題體例，與「黃繼光邱少雲」是同等地位的。

「講史堂」發布有關消息後，中共將其微博帳戶內容全部清空，刪除其同名微信公眾號。

與此同時，有毛左網站出言攻擊「很可能是體制內存在的兩面人及反黨反共勢力對教材的修改不滿」，並用「勾結境內外敵對勢力」、「以洩密方式造謠」等言辭謾罵「講史堂」。

旅美華裔政論家胡平認為，教科書去掉「錯誤的」，就變成中性的了。而中共教科書的價值判斷從頭到尾都是非常清楚的。文化大革命顯然是錯誤的，作為教科書，去掉否定詞這個問題就

比較嚴重了。

胡平表示，中共為了減少「改革前」與「改革後」的對立，唯一的辦法就是對改革前的事情輕描淡寫，甚至加以美化。這樣一來，對文革的評價就會發生變化。但是文革被稱為「十年浩劫」，減輕對文革的否定性的評論，這樣一來等於將共產黨的「偉光正」一以貫之。中共的意圖，可以看得很清楚，可以看出他們對毛時代的做法有很大興趣。

旅居德國的著名學者仲維光在接受《大紀元》採訪時表示，中共對教科書的控制，是與他們要徹底改變人性和人的思想這個目的是一致的。這個教材的變化非常根本地說明中共這個政權的本性、本質，從 1949 年以後到今天沒有任何根本的變化。

仲維光說，為什麼他們諱莫如深地把這麼僅有一點關於文革的內容刪掉？就是因為實際上文革到今天來說也一直在繼續。文革就是要進行文化革命，就是反對一切傳統文化，反對西方文化、反對中國文化。這個中國共產黨從來也沒有停止過。因此他們對文革從來也沒有從根本上反省，也不可能從根本上反省。

仲維光認為，中共這個刪除動作就是要讓人們忘記歷史，忘記災難，為中共繼續使用殘暴的專制鋪平道路。中國未來的出路只有一個，那就是一定要徹底解體中共、結束一黨專制，這樣才能重新誕生一個新中國。

黨媒刊文《消滅私有制》被批文革遺風

2018 年 1 月 16 日，中共中央委員會機關刊物《求是》專欄《旗幟》的官方微博上，刊登了人民大學教授周新城的文章《共產黨

人可以把自己的理論概括為一句話：消滅私有制》。文章點名批評兩個自由派學者張五常教授和吳敬璉教授，宣稱「共產主義就是要消滅私有制」。

文中還稱張五常教授為「赤裸裸的反黨反社會主義新自由主義分子」，同時也對吳敬璉教授進行人身攻擊。

周新城大段引用馬恩列鄧語錄和共產主義原教旨主義理論，得出邏輯結論說：消滅私有制是社會發展的客觀必然趨勢。文章猛烈抨擊當今中國社會中的自由主義私有化思潮，總體而言，周新城對張五常、吳敬璉等自由主義專家學者的批評包括「希望民企化，最好沒有國企」。

《求是》雜誌下的「旗幟」官微刊登周新城這篇文章後，迅速在海內外引起軒然大波，遭到很多人的批評，新浪微博不斷刪除跟帖，到後來乾脆關閉了評論和轉評。外界關注，這是文革思維卷土重來的跡象。

對此，深圳的當代社會觀察研究所所長劉開明認為，主管意識形態主管部門某些想走回頭路的提法、說法，不至於影響整個社會大的發展趨勢。「現在中國80%的勞動力收入是來自私有制，我們80%的出口產品是由私有企業、外資企業來創造的。深圳去年（2017）的財政收入8000億，絕大多數來自私有企業，如果沒有這些私有企業，周新城的工資都發不出來。」

劉開明表示，周新城這類人其實不是真的喜歡文革、喜歡消滅私有制，而是為了迎合目前的意識形態、某些主管領導的愛好。中國公有制搞得最徹底的是東北三省，東北三省現在已經成了破落、衰敗的代名詞。黑龍江2017年財政大量的赤字，社保有幾百億的虧空。整個中國有錢的就是廣東、浙江、上海，這些私有

制比較發達的地區才有錢。他們高喊口號，都是靠這邊養著，如果這邊都跟東三省一樣，他們都得喝西北風，他們的工資都發不出。

大陸經濟學家茅于軾接受《大紀元》採訪時表示，周新城的觀點跟十九大所提出的新時代格格不入，並且該雜誌刊登的內容得到誰的認可也令人懷疑，「不見得是習近平的思想，習近平沒有說過要消滅私有制這樣的話。」

2014年9月23日，中共左派雜誌《求是》旗下的《紅旗文稿》刊發了社會科學院院長王偉光撰寫文章，稱「階級鬥爭不可能熄滅」，也曾引發國內媒體左右混戰。

《保衛改革開放》PK《消滅私有制》

2018年2月1日，清華大學法學教授許章潤一篇題為《保衛改革開放》的文章在中國知識界盛傳，激起強烈反響。

文章指出，中國改革開放已歷經40年，現處在第三波改革開放的浪潮中，本應實現憲政民主的政治轉型，融入世界文明社會，但現在卻出現了大的挫折，逆歷史潮流而行。

目前的外向型政策，伴隨著民資外逃、民企投資斷崖式下降、國企效率不振、國民經濟信心低落等等，坐吃山空，是早晚的事……時不時的，「打土豪分田地」之囂囂震天而風聲鶴唳，以及更為不堪之「徹底消滅私有制」等。

文章呼籲以中產階級為代表的中國人民奮起保衛改革開放，呼籲習近平「既集大權，請辦大事」，最終完成歷史轉型，建立民主自由為基礎的現代中國。

這篇文章與不久前人大馬列教授周新城《消滅私有制》一文爭鋒相對。然而，它們發表的規格很不同，流傳的方式也很不同；周新城的被《求是》高調發表、暢通無阻，許章潤的則是頻遭封刪。

回想 1990 年代後期和 2000 年代初期，中國知識界曾經熱烈討論自由主義對新左派，對照現在兩篇文章，一是當時的爭論是自由主義觀點比許章潤更大膽、更徹底；二是現在的左派市場更大，尤其是極端主義部分得到的很大擴展；勉強生存的自由主義則要通過借用體制語言的辦法才能僥倖過關，就像許章潤的文章一樣。

有學者表示，從這些現象中，可以清楚看到，現在中國的思想領域倒退多遠；現在中國意識形態領域尖銳鬥爭，甚至到了生死存亡的程度。

在中共十九大前，2017 年 6 月 8 日，原中共黨校校刊《學習時報》副編審鄧聿文，曾在《紐約時報》撰文稱，當下的中國就是一個左右分裂的中國，今後這種分裂是繼續加大還是逐漸縮小，很大程度上取決於十九大提出的指導思想，能否盡可能具有包容性，能否服眾。習近平的指導思想如果不能借鑑、揉進一些普世價值，還是堅持中共僵化的政治觀，將很難讓人產生認同，中國社會就將繼續分裂下去。

事實上，二十多年來，中共意識形態體系內部一直處於一片混戰狀態，顯示中共宣傳的馬克思主義意識形態已經破產。共產主義成了笑話，黨內沒有任何信仰信念可以再帶著中共度過這次難關。官員、黨員們離心離德，一心只想升官撈錢。黨內派別林立，社會左右公開分裂，毫無共識可言。

已故中共大將羅瑞卿之子羅宇，從 2015 年 12 月起連續給習近平寫了二十多封公開信，勸習近平拋棄中共，帶領中國走上民主化的道路。他指出，中國大陸當政者目前面對的是龐大的腐敗透頂的中共，這個黨已經完蛋了，民心喪盡。

中共輿論造假釀國際笑話

2018 年世界經濟論壇第 48 屆年會於 1 月 23 日至 26 日，在達沃斯召開。中共政治局委員、中央財經領導小組辦公室主任劉鶴率團出席了世界經濟論壇。

世界經濟論壇會議期間，中共官方新聞機構發表一系列文章，宣傳推銷一種說法，宣稱儘管習近平沒有前往參加 2018 年的世界經濟論壇會議，但該論壇會議是由習近平主導的。

紙版的英文《中國日報》1 月 24 日引述年會舉辦地的瑞士達沃斯市長稱，指 2018 年整個達沃斯論壇是以習近平 2017 年在論壇的演說重點和重要思想來制訂。

法廣 1 月 28 日報導說，更令人百思不得其解的是，英文《中國日報》之前一天的網路版，則有正確引述達沃斯市長的說話。但報紙版卻進行造假宣傳。

報導說，不知是否紙版編輯，認為有關報章可以糊弄國內人士，但未必可直達千里之外的瑞士，而在網路版，則可無遠弗屆被任何人查閱，因此網路和報紙報導中出現了不同的版本。

美國網路雜誌《石英》26 日發表報導《一家中國報紙使用假新聞來吹噓習近平在達沃斯的影響》。

報導說，中共媒體宣稱 2018 年世界經濟論壇的主題是「在破

碎的世界創造共同的未來」。它說這個主題源自於習近平 2017 年在達沃斯的演講。當時習近平成為參加達沃斯會議的首位中國國家主席。

英文版《中國日報》的一篇文章引述達沃斯市長 Tarzisius Caviezel 的話稱：「世界經濟論壇的議程制定者負責主題設定。當然，他們從習主席的講話當中摘取了重要觀點，並將其發展成今年世界經濟論壇會議的主題。重要的是，他們不僅摘取了一個觀點，整個計畫都是根據習主席在他講話當中的重要思想制定的。」

《石英》報導說，Caviezel 的講話遭到「改動和編造」。市長辦公室向《石英》發出更正聲明說，市長的原話是這樣的：「世界經濟論壇的議程制定者是自己決定世界經濟論壇的年度主題。他們有可能從習主席的講話當中摘取了重要觀點，並將其發展成今年世界經濟論壇會議的主題。」

市長辦公室告訴《石英》，Caviezel 從未說過《中國日報》引語當中的後半段。

中共黨媒造假吹捧習近平，弄成了低級的國際笑話；這與十八大以來中共黨媒一貫的貶損習近平的高級黑手法如出一轍。

不同的是，十九大之前，操控中共文宣系統的是江派常委劉雲山；而十九大之後，主管文宣系統的是新晉常委王滬寧；新任中宣部常務副部長王曉暉自 2014 年任中央政研室副主任，是王滬寧的直接副手。

兩會翻白眼事件 掀翻假外媒大外宣

2018 年 3 月 13 日，在中共兩會「部長通道」上，一著藍色

外套的女記者因為在另一身穿紅色外套女記者提問時大翻白眼而爆紅。

網上熱傳的視頻顯示，一名穿紅衣的女記者在記者會上向中共官員提問，一副官腔，時間冗長，緊挨著她的一位藍衣女記者一臉不屑和不耐煩，用左手托著下巴連翻了幾個白眼，隨後扭頭看向紅衣記者，上下打量一番後，再次翻了一個大大的白眼。這一場面經央視直播後立刻在大陸網路上暴紅，被稱之為中共兩會上最亮麗的風景，網民也紛紛模仿。

不少網民通過網路搜索，發現紅衣女張慧君曾是選美小姐，其後來進入中央電視台，目前在美國全美電視台任執行台長。

有網民搜索到更多張慧君參與中共兩會的採訪片段，意外的發現她在每一屆的會議上「馬甲」都不相同。如在第十一屆全國政協會議上，她的身份是「香港有線中國經濟與旅遊電視台執行台長」。上一屆的中共兩會上，其身份又變為「世界知識雜誌記者」。

資料還顯示，張慧君曾兩度（2008 年和 2012 年）和央視主持人趙忠祥共同主持毛誕辰的「紅色文化」活動。2012 年的相關活動原本要在北京大會堂舉行，後來由於特殊原因，改到一個賓館的多功能廳舉行。

此外，張慧君供職的全美電視台也成為網民關注的焦點，其歷史和背景被起底。

公開資料顯示，全美電視台（American Multimedia Television USA，AMTV）成立於 2004 年，總部位於加州洛杉磯市中心。據報導，全美電視台此次派多名記者報導中共兩會，得到中共駐洛杉磯總領館的支持。

全美電視台官網介紹顯示，其同中共央視有多種合作，是美國西岸第一家同中共央視簽署合作協議的地方電視台，包括通過亞太二號衛星向央視傳輸其新聞節目。中文介紹其是中共政府和企業「在海外宣傳推廣的最優秀的電視多媒體綜合平台」。

中國數字時代編輯起底了全美電視台的註冊及改名歷史，發現全美電視台的前身是 2004 年由一個叫 Yong Qin（秦勇）的人成立的，當時的公司名稱為 First Pacific Financial Investment Group Inc，2009 年 12 月改名為全美電視台，現總裁名為 Jason Quin，但與秦勇的簽字完全一致，因此懷疑兩人實為同一人，推測其是在歸化為美國公民過程中改名。

Jason Quin 的領英（LinkedIn）及臉書個人網頁信息顯示，Quin1987 年畢業於北京清華大學，目前身兼多重身份，除了擔任全美電視台董事長，同時還擔任中共海外大外宣機構孔子學院洛杉磯分校的校長、洛杉磯註冊的美國國際商會的執行會長，及世界亞裔小姐選美大賽執行主席等。

兩會「翻白眼事件」經社交媒體瘋傳後，中共網路審查部門趕緊上來滅火。但是刪帖屏蔽反倒引起發酵，海外主流媒體也加入報導；「翻白眼事件」越演越烈，更翻出假外媒大外宣的醜聞，因此被《紐約時報》稱為「史詩級的白眼」。

中共耗巨資在海外進行宣傳一事，近年來已經引起西方社會警惕。

英國《金融時報》曾在 2016 年報導說，中共中宣部長去年訪問澳大利亞悉尼時，跟澳大利亞頂級媒體公司簽署了一系列協議，根據協議，中共喉舌《中國日報》製作的增刊將被塞入號稱言論自由堡壘的《悉尼晨鋒報》。

報導披露，不僅僅是澳大利亞，中共還跟美國《華盛頓郵報》、英國《每日電訊報》和法國《費加羅報》簽訂了類似的協議。

報導說，中共大外宣戰略多年來資助孔子學院向全球的學校和智庫滲透，但現在開始將宣傳觸角伸向獨立媒體。

喬治·華盛頓大學教授沈大偉對該報估計，中共每年花費 100 億美元在對外宣傳上，遠遠超過美國的 6.66 億美元。

3 月 16 日，有消息稱，為防止「翻白眼」和中共外宣「穿幫」烏龍再度發生，中宣部和外交部以及負責兩會媒體註冊的所有相關部門緊急召開了聯合會議，重新評估和審核所有已頒發兩會官方記者證的境內外媒資格。

消息人士透露：已有近百名已註冊記者被臨時收回了記者證，取消了採訪和報導兩會的資格，也就是被就地逐出了兩會現場。他們所屬媒體機構負責人也均預先得到官方通知，並經授權提前與「問題」記者進行了溝通。

王滬寧弟子被舉報「宣傳台獨」

2018 年 3 月 28 日，中國文化大學與台灣《旺報》舉行「兩會後的兩岸關係走向」研討會上，廈門大學兩岸關係和平發展協同創新中心執行主任劉國深表示，「不是任何獨立都不行，就像我的孩子，我就希望他能獨立。台灣保持某種程度的獨立性不是壞事，你要和大陸好好談。就像統一，也不是都是不好的。」

劉國深上述講話一出，立即被大陸某微博帳號舉報，貼文聲稱，劉國深違反中共對台政策，散播「錯誤的言論」，「宣傳台灣獨立」，超出中共對台政策紅線等。

該貼文隨後又迅速被轉給中共對台、宣傳、公安與媒體，多名大陸網民在文下留言，要求有關單位開除和法辦劉國深。

帳號為「咖啡紅酒靡靡之音」的網民還稱，劉國深曾說過「民進黨用心良苦，我很同情他們」、「兩岸不一定要在中華人民共和國下統一」。

另外，舉報劉國深的微博帳戶 3 月 31 日又指，同劉國深十多年好友的美麗島電子報董事長吳子嘉曾透露，劉國深同和他私下接觸的時候，曾對一些中共學者在台灣講武統的事情非常不以為然。稱劉國深認為這不是中央對台的選項，對台宣傳武統是錯誤的事情。

中央社翻查劉國深在講座上更詳細內容，顯示劉其實是主張兩岸對話，指「依照法理規定，兩岸之間是政權之爭，不是國家之爭；兩岸之間是主導權之爭，不是主權之爭」。他還稱，兩岸關係目前不得不承認是倒退，但還沒那麼困難。

受到攻擊的劉國深本人立即接受大陸黨媒《環球時報》專訪消「獨」。劉國深稱讀者誤讀了他講話的本意，「一看到『獨立』二字就感到憤怒」。

劉國深認為，「台灣不能追求『領土主權的獨立』，而在堅持體現『一中』原則的『九二共識』之下保持一定財政、經濟和生活上的某些獨立性。」

劉國深曾長期擔任廈門大學台灣研究院院長，並兼任中國全國台灣研究會副祕書長，是大陸知名涉台學者，主要研究領域為台灣政治、兩岸關係。

民進黨立委陳明文接受《自由時報》訪問時指出，劉國深是中共政治局常委王滬寧的親傳弟子，相當程度代表中共的主流立

場，居然還被舉報，大笑「真是文革復活了！」

陳明文表示，劉國深的指導教授就是王滬寧，劉長期主掌廈門大學台研所，傳統上被視為中共涉台的鴿派學者，其言論具有一定的代表性。

陳明文說，只要觀察一下就知道，劉國深是台灣特定媒體（親共媒體《旺報》）最愛訪問的對象之一；前天的論壇還是該媒體主辦，劉的發言更是捧中抑台，繼續逼宮民進黨政府非接受九二共識不可，結果居然只是一番統戰言語，就被檢舉宣傳台獨，「真是滑天下之大稽！」

陳明文說：「這實在太好笑了！」顯示（中共治下）中國社會已經陷入文革化，動不動就能檢舉人台獨或媚日。

不過他指出，在中國有關係就是沒事，劉國深長期為黨喉舌，靠山又硬，當然不會有事，「只是讓台灣人知道中國社會有多荒謬及反智」。

民進黨立委李俊俋表示，這突顯中國（中共）看待任何事物的角度就是政治掛帥，言行必須百分之百政治正確才可以，連最基本的查證都做不到。

他說，中國這種沒有任何言論自由的社會，居然妄想透過對台三十一項措施招攬人心，根本是天大笑話，這一連串的歪風，對於兩岸交流當然沒有任何好處，只會加深台灣人民對中共的反感。

王滬寧如履薄冰 烏鎮發言全文未發表

2017 年 12 月 6 日，美國之音報導說，作為中共的理論和意識形態高級顧問，王滬寧服侍了三任中共最高領導人江澤民、胡

錦濤、習近平。王滬寧最初是以學者的身份被提拔到中共高層的。王滬寧在 1980 年代在中共已故的領導人鄧小平謀劃建立和鞏固自己的權力的時候適時地提出符合鄧小平心願和需要的所謂的「新權威」理念。

觀察家們認為，「新權威」理論的主旨是維護中共的獨裁統治，這一點是王滬寧和鄧小平沒有明說的，但這一點也正是鄧小平真正喜愛、並使王滬寧得以飛黃騰達的關鍵所在。

這些觀察家們指出，王滬寧為江澤民政權提出的「三個代表」理論準許資本家入黨，為中共可以憑藉中共的獨裁權力進行經濟掠奪正式打開綠燈；為胡錦濤政權提出的「科學發展觀」理論更是糊裡糊塗，因為即使是神權國家伊朗也是要科學發展；為習近平政權提出的「中國夢」理論更是成為當今中國人的噩夢，有北京如今像遭到地毯式轟炸一樣一片狼藉的移民工大片大片的居民區、市場和工廠為證。

一些觀察家和許多中國網民以黑色幽默的口吻談論王滬寧的戰略大手筆，這就是，他主持起草的中共十九大工作報告毫無新意又臭又長，習近平讀了將近三個半小時；起草如此之長的報告讓相對年輕的習近平來讀，目的是把跟習近平有隙的中共前總書記、已經垂垂老矣的在場聽報告的江澤民拖死；江澤民雖然沒有被當場拖死，但也給拖了個半死。

報導說，最初靠「新權威」理論獲得中共高層青睞、再被提拔到中共中央之後，王滬寧一直保持低調，並一直刻意回避跟故舊交往。在中共十九大之後被提升至中共最高權力機構、中央政治局常委之後，王滬寧還是一如既往竭力保持低調。

報導引述日本《外交家》雜誌 2017 年 12 月 5 日發表的報導《王

滬寧在試圖韜光養晦嗎？》報導說，王上任一個多月顯示，他在努力應對這一挑戰。儘管他的新官職要求他經常在媒體閃光燈下出現，但他似乎在通過微妙的媒體控制來盡力保持低調。

例如，12 月 2 日，中國在浙江烏鎮召開第四屆世界互聯網大會。王滬寧作為中共職位最高的政治領導人出席會議，並發表了 17 分鐘的開幕講話。按照慣例，王滬寧的講話應當在中國媒體上大報特報。但實際情況卻截然相反。中國媒體沒有一家完整地報導王滬寧的講話，也沒有發表他的講話全文。

12 月 4 日，美國《外交事務》雜誌發表香港中文大學法律副教授里安·米切爾的文章，標題是《中共御用理論家——王滬寧的崛起》。

文章說，王滬寧被提升進中共中央政治局常委，這跟過去幾十年中共官場做法大相徑庭。中常委的成員通常是從中央政治局當中那些突出的成員當中選拔，有在多個省份或直轄市擔任中共書記的資歷。但王滬寧卻來自中共中央政策研究室。他長期擔任該研究室主任，主管中共的意識形態規劃。以前像王滬寧這樣的理論家升入中常委的唯一的事例發生於 1966 年。當時，毛澤東把他的祕書陳伯達提升進中常委。

陳伯達 1970 年失勢，1981 年被判處 18 年徒刑，八年後病逝，終年 85 歲。

報導說，王滬寧的下場會如何，眼下正在成為海內外眾多觀察家非常感興趣的一個問題。

第四節

王滬寧涉足對朝外交
與港澳事務

王滬寧 2018 年 3 月 6 日出席香港代表團審議時稱,「明白中央對香港有全面管制權」。語出驚人,引發質疑聲浪。(視頻截圖)

　　王滬寧在接管意識形態與文宣的同時,還涉足對朝鮮外交活動與港澳事務。而這三大領域都曾被江澤民集團長期操控;這令王滬寧的派系背景與入常內幕更加撲朔迷離。

王滬寧出席港區人大小組會議

　　按慣例,中共人大有四個代表團、政協有四個界別組只有特定常委去。如軍方代表團,每屆都是身兼軍委主席的習近平必去,別的常委禁止入內;台灣團則是身兼對台工作小組負責人的全國政協主席才能去;出席政協經濟、農業組,則是國務院總理李克強。

而港澳的人大代表團及政協的港澳組，過去一直只由兼任共港澳領導小組組長的常委才會去，別的常委一般不會去。但 2018 年兩會上，打破了這一慣例。

3 月 4 日下午，中共政治局常委、中紀委書記趙樂際出席港澳委員聯組會議並參加討論，並會見政協港澳委員。將接替俞正聲擔任全國政協主席的汪洋，則未有到場。

3 月 6 日上午，中共政治局常委、中央書記處書記王滬寧出席港區人大小組會議。將接替張德江任人大委員長的政治局常委栗戰書卻沒有現身。

栗戰書、汪洋十九大入常後接掌人大與政協的跡象明顯後，就不斷傳出二人將分別接管涉港澳事務與涉台事務的消息。

有評論文章稱，今次對港澳的安排絕非臨時起意，也不是降格之舉，或涉港澳頂層架構或人事有變。

3 月 13 日，備受外界關注的中共國務院機構改革方案提交全國人大會議審議。但港媒此前披露的中共國務院將合併港澳辦公室與台灣事務辦公室的改革方案，並沒有出現在本次提案中。

海外中文媒體 13 日報導稱，合併中共國務院台辦、港澳辦的說法並不屬實，但消息人士說，中共中央港澳工作協調小組、中共中央對台工作領導小組將合併，由習近平任組長，副組長是政治局常委汪洋、王滬寧，分別負責台灣、港澳事務。

除中共國務院分別設有對台灣、港澳事務辦公室外，中共黨內也設有「中央港澳工作協調小組」、「中央對台工作領導小組」，分別是中共中央對港澳及台灣工作的議事協調機構。

報導說，「港澳小組」組長目前是政治局常委栗戰書，「台灣小組」組長則由習近平擔任，政治局常委汪洋任副組長。

消息人士說，這兩個小組合併後，中共中央辦公廳主任丁薛祥將成為小組辦公室主任。

王滬寧語出驚人 引港澳台不滿

多家媒體披露，王滬寧3月6日出席香港地區中共全國人大代表小組會議，出席會議的還包括中共港澳辦主任張曉明、基本法委員會主任李飛、中聯辦主任王志民等中共官員。

港區中共人大代表團副團長黃玉山會後表示，王滬寧對香港有五點要求，首先要確保《基本法》一國兩制實踐不變形、不走樣，對港獨零容忍，要嚴厲對待，甚至要嚴厲打擊等。

然後，王滬寧話鋒一轉開始警告：「明白中央對香港有全面管制權」。海外中文媒體報導說，這句話語出驚人。

按照中共通過的《特別行政區基本法》，香港、澳門主權回歸大陸後，特別行政區實施「一國兩制，港人治港，澳人治澳，高度自治」，中共法律不適用於特別行政區內，各個特別行政區因應需要自行訂定法律，且香港、澳門50年保持民主制度和生活方式不變，僅有特別行政區的外交與軍事由中共政府負責。

同時，中共政協主席俞正聲3月3日發表政協工作報告，其中在2018年的工作布署中，涉及港澳部分，僅以一句「加強同港澳台僑同胞團結聯誼，動員中華兒女共擔民族大義、共圓中國夢」帶過，而沒有以往報告中的「一國兩制」、「港人治港」、「澳人治澳」、「高度自治」等內容。

在外界的一片質疑聲中，3月8日公布的中共全國政協修改政協章程建議當中，在港澳部分加入「一國兩制、港人治港、澳

人治澳、高度自治的方針」等字句。

香港民主黨立法會議員林卓廷表示，中共的官方報告向來字斟句酌，所以並不是無心遺漏。他說：「令人非常擔心，是不是嘗試發一個信息給香港人，如果香港人再不臣服於中共的統治，它會進一步收緊對香港的政策？」

香港城市大學退休教授鄭宇碩表示：「這幾年，特別是 2014 年的占領運動以後，中共領導層對香港的政策已經不太重視『一國兩制』的兩制以及高度自治，而且還利用港獨這個議題，不斷打壓香港的民主運動。」

香港是江派重要窩點，也是江派頻頻發動針對胡錦濤、習近平的攪局行動的基地。曾慶紅自 2003 年出任中共中央港澳工作協調小組首任組長，一直在香港培植親信勢力，操控香港黑白兩道。負責港澳事務的中央港澳小組、國務院港澳辦、中聯辦，有很多曾慶紅長期培植的勢力。

香港前任特首梁振英由曾慶紅扶植上位。中共十八大後主管港澳事務的中共中央港澳工作協調小組組長是江派常委張德江。此前，《成報》一直炮轟張德江、中聯辦主任張曉明、梁振英等人是「亂港四人幫」。

曾受曾慶紅力薦、仕途發跡於上海的王滬寧何以能替代習近平親信栗戰書，涉足港澳事務，內幕令人聯想。

金正恩祕密訪華 王滬寧接送陪同

2018 年 3 月 26 日開始，網路上熱傳一列從朝鮮開來的綠色火車專列，在森嚴戒備下駛入北京的視頻；3 月 27 日，專列離開

北京的視頻再度傳出；引發全球競猜：神祕訪客到底是誰？就連對朝鮮金正恩政權最為關注的美日韓三國政府，也未能給出明確說法。

直到北京時間 3 月 28 日早晨，金正恩已返回平壤後，中共黨媒新華社才通報，「應中共中央總書記、國家主席習近平邀請，朝鮮勞動黨委員長、國務委員會委員長金正恩於 3 月 25 日至 28 日對中國進行非正式訪問。」

通報還稱，訪問期間，習近平在人民大會堂同金正恩舉行會談。習近平和夫人彭麗媛為金正恩和夫人李雪主舉行歡迎宴會並共同觀看文藝演出。

中共中央政治局常委、國務院總理李克強，中共中央政治局常委、中央書記處書記王滬寧，國家副主席王岐山分別參加有關活動。

隨後有報導稱，習近平接受金正恩的邀請，將訪問朝鮮。

據香港《大紀元》從北京消息人士獲悉，朝鮮領導人金正恩 3 月 26 日已抵達北京。這次金正恩訪問中國，是北京方面緊急主動邀請；北京開了非常好的條件。

據朝鮮《勞動新聞》報導，金正恩抵達北京後，王滬寧前去迎接，並在 3 月 27 日陪同金正恩前往中國科學院參觀，下午到北京火車站送別了金正恩一行。可以說，王滬寧是金正恩在北京的行程主要陪同人員。

王滬寧分管對朝外交

總部在北京的多維新聞網 2018 年 3 月 29 日報導稱，近些年

來，由於朝鮮核試爆與導彈試射對中國國家安全造成了威脅，中朝之間關係惡化，中共一度考慮重新定位中朝關係，由黨際外交轉變為國與國之間的外交。2013 年 6 月中朝外交部門在北京舉行了首次戰略對話，之後北京當局先後派出外交部長王毅、中國朝鮮問題特別代表孔鉉佑以及時任國務委員楊潔篪等外交事務官員訪問朝鮮以斡旋朝核問題。

但朝鮮方面對中國的對朝外交調整表示不滿，先後拒絕了三位外交事務專員的訪問。由此可見，朝鮮方面希望繼續將中朝之間的外交維持在黨際外交的框架。此次主要負責黨政宣傳與意識形態工作的王滬寧陪同金正恩在北京的訪問，是中共對朝鮮方面的積極回應。

2017 年 12 月 15 日，多維新聞網援引北京消息稱，中國對朝外交人事出現調整，新任中共中央政治局常委王滬寧已經開始分管對朝外交。

報導稱，由於中朝關係的特殊性，長期以來負責黨務方面的人員主導了對朝外交，劉雲山曾主導對朝外交；分管意識形態領域的十六屆、十七屆中央政治局常委李長春也曾負責對朝鮮外交。

文章詳細列舉，十八大後中共領導人首次赴朝鮮大使館，是 2014 年 12 月金正日逝世三周年紀念日當天，劉雲山前往朝鮮駐華使館出席紀念活動。

十八大後，首位訪問朝鮮的中共中央政治局常委也是劉雲山。2015 年 10 月他率團訪朝參加朝鮮勞動黨成立 70 周年慶祝活動，並與朝鮮領導人金正恩一起觀看了閱兵式和群眾遊行。

2004 年 9 月李長春曾訪問朝鮮轉達中共總書記致朝鮮時任領

導人金正日的口信。

北京對朝關係詭異逆轉

朝鮮金氏政權得以延續，完全依靠中共政權扶持。近三十年來，朝鮮金氏政權一直受中共江派操控，江派大員包括江澤民、以及曾慶紅、周永康、張德江、劉雲山等。近年來，江派常委與朝鮮金家的密切關係不斷被披露。一些報導與分析均指向江澤民集團要員涉及朝鮮核武發展。

自 2006 年 10 月至 2017 年 9 月 3 日，朝鮮共進行了七次核試驗，每次核試都是胡錦濤、習近平陣營與江澤民集團生死博弈之際。朝鮮核武實際上已成為江澤民集團進行核恐嚇、對抗習近平、進行反撲的「殺手鐧」。

值得關注的是，朝鮮七次核試驗時間跨度，都落在李長春、劉雲山先後負責對朝鮮外交期間。

接近中南海的消息人士向《大紀元》披露，中美 2016 年首次聯合調查朝鮮核武案，涉案被捕的大陸丹東女首富、遼寧鴻祥實業董事長馬曉紅，被揭是張德江的情婦，是連接中共江派和朝鮮金氏家族的「高級管道」，身兼中聯部特工身份。而中聯部也正是江派常委劉雲山主管的中共中央對外特務機構。

金正恩不僅殘暴對待本國民眾，核恐嚇國際社會，還殘忍處決了自己的姑父張成澤，毒殺了自己的兄長金正男，其惡魔本性暴露無疑。

習近平十八大上台後，第一個五年任期內，一直未與金正恩會面。習近平當局還表現出與美國合作對朝鮮制裁的意願。就在

幾個月前，朝鮮金正恩政權還宣稱中國是「千年宿敵」。

2017 年底以來，隨著美國川普政府不斷施壓軍事與經濟制裁壓力，朝鮮停止發射導彈和核試。中共十九大後，金正恩拒絕會晤習近平特使；就在 2018 年中共兩會期間，川普與金正恩達成會晤意願，而中美貿易戰升級。

中共兩會上，最高層換屆人事底定，習近平核心權力進一步強化；習當局推出黨政機構改革方案，尤其負責外事工作的人員調整，引外界關注。

敏感時刻，中朝關係卻出現詭異一幕。3 月 17 日，習近平連任國家主席與軍委主席後，金正恩突然罕見改變態度，向習發來賀電；而川普未給習發賀電，中共官方稱川普「以其他方式向習近平祝賀」，引發外界猜測。十天後，金正恩受到北京當局的邀請而祕密訪華。

當前正值中美貿易戰與南中國海局勢升級、川普剛簽署了《台灣旅行法》。金正恩獲邀訪華，表面上與這些因素密切相關；本質上卻是共產主義政權行將就木、面臨解體前的垂死掙扎。金正恩祕密訪華事件發生的時間點敏感，為中美朝關係及亞太局勢的走向增添變數。

在過去近三十年中，王滬寧一方面出任「中南海首席智囊」角色，不斷進行意識形態「維穩」，另一方面，又與江澤民集團有著說不清道不明的關係。在這種背景之下，王滬寧是否參與了江澤民集團操控的對朝外交政策的決策與謀劃，目前不得而知。

十九大後，中朝關係詭異逆轉，分管對朝外交的王滬寧在背後充當了何種角色？內幕還有待公開。

金正恩與沙塵暴同現北京

2018 年 3 月 26 日零時，北京市發布空氣重污染橙色預警；3 月 27 日 18 時，中央氣像台發布沙塵暴藍色預警：27 日 20 時至 28 日 20 時，新疆南疆盆地、內蒙古、甘肅西部、遼寧西北部、吉林西部、黑龍江西南部、河北北部、北京北部等地的部分地區有揚沙或浮塵天氣，其中新疆南疆盆地、吉林西部等地局部有沙塵暴。

3 月 28 日 5 時 35 分，北京市氣像台發布沙塵藍色預警信號：PM10 濃度已超 1000；28 日北京市將出現浮塵天氣。很多監測站檢測 PM 超過 1000，有的監測點甚至超過 3000，達到最危險水準。

3 月 26 日零時發布的空氣重污染橙色預警尚未解除，沙塵藍色預警信號又發布，二者相加，更加重了北京的空氣污染程度。結果，28 日北京天空是一種灰濛濛的土黃色，空氣中有細細的沙塵，能見度很差。

中國人講天人合一，認為人間的事情會對應不同的天像，天像的變化給人以某種警示。中國古人研究過天災與人行為之間的關係，認為天災的出現是對國家失道行為的譴告，而若對天之譴告不思反省，奇異天災就會來臨，以警示世人。

由於金正恩到訪北京的時間與極端天氣的出現在時間高度吻合，社交媒體上人們紛紛表示，「金正恩在北京……沙塵暴也在北京……」「三胖來北京就沙塵暴，什麼鬼？！」「聽說三胖帶霧霾跟沙塵暴來北京了？」

還有人暗諷中共和金家王朝的關係，「這不是什麼沙塵暴，這叫東西『友誼之沙』，那首歌怎麼唱來著，你是風兒我是沙。」

第五節

習親信掌中宣部 王滬寧被削權

習近平通過機構改革,將中宣部實權化並由親信黃坤明掌控,對主管意識形態與文宣工作的王滬寧形成夾擊態勢。（Getty Images）

王滬寧入常後罕見未接任中共中央黨校校長一職。另一方面,習近平通過機構改革,將中宣部實權化,並派親信黃坤明掌控,對王滬寧形成夾擊態勢。外界解讀,習近平對王滬寧留了一手。親習黨媒更警告,王滬寧頭懸四大利劍。

王滬寧權力被壓縮 未能兼任黨校校長

按照劉雲山過去的分工,王滬寧應該也是分管組織人事、黨建、意識形態、文宣等。但原由劉雲山兼任的中共黨校校長一職,改由習近平的清華系親信、中組部長陳希接任。

2017 年 11 月 3 日,中共中央黨校舉行 2017 年秋季學期第一

批進修班畢業典禮。中共中央政治局委員、中組部長陳希首度以校長身份出席，主持畢業典禮，並頒發畢業證書予學員，此人事任命打破黨校校長將近 30 年由「政治局常委兼任」的慣例。

中央黨校歷來是中共意識形態重鎮，也是權鬥重地。自江澤民上台前後至今，黨校校長先後由喬石、胡錦濤、曾慶紅、習近平和劉雲山擔任，其中曾慶紅和劉雲山都是江澤民心腹。陳希擔任黨校校長，顯示習近平藉親信布局，進一步奪回江派地盤。

2018 年 1 月 25 日，越共中央組織部長范明政訪華，王滬寧亦未出面接見，由中紀委書記趙樂際接見。由此可見，組織人事大權並不是王滬寧主管，很有可能由陳希直接向習近平負責。

2018 年 3 月 4 日，中共十三屆全國人大召開預備會，確定了栗戰書等 10 人主席團常務主席、正副祕書長及新聞發言人等。

以往兩屆人大主席團常務主席名單中，除了出任人大委員長的吳邦國、張德江外，另外分別包括一名分管黨務組織工作的政治局常委習近平、劉雲山。

而此次主席團常務主席中，僅栗戰書一名常委。政治局委員、中組部長陳希罕見出任主席團常務主席。

陳希再度取代王滬寧，出任人大主席團常務主席，顯示中共高層政治格局已有變動。有分析認為，習近平重用王滬寧，但對他也留了一手。

64 歲的陳希和習近平是清華大學化工系的同窗，陳希曾擔任清華大學黨委書記，後短暫出任遼寧省委副書記，再回京任中科協黨組書記兼常務副主席、書記處第一書記，躋身正部級。習近平正式入主中南海後，2013 年 4 月，習近平將陳希調到掌管人事大權的中組部，擔任常務副部長，陳希因此成為幫助習近平在多

個省部級重要位置上用人的「布局操盤者」。

中宣部實權化 習親信黃坤明掌控

2018年3月21日，中共國務院機構改革方案公布，其中包括，撤銷中共中央電視台（中國國際電視台）、中央人民廣播電台（央廣）、中國國際廣播電台建制，組建中共中央廣播電視總台，作為國務院直屬事業單位，由中宣部領導。對內保留原稱號，對外統一稱為「中國之聲」。

央視曾長期被江派主管宣傳的李長春和劉雲山所控制。從2009年至今，央視先後換過五任台長，即趙化勇、焦利、胡占凡、聶辰席和慎海雄。

3月21日上午，慎海雄任中共中央廣播電視總台長、黨組書記。慎海雄2月升任央視台長，兼任國家新聞出版廣電總局副局長。

現年51歲的慎海雄，浙江湖州人，被稱為是習近平的「專用記者」。習近平在主政浙江、上海期間，慎海雄曾任職於新華社浙江、上海兩個分社，於2012年8月升任新華社副總編輯；2014年任副社長；2015年出任廣東省委常委、宣傳部長。是中共十九屆中央候補委員。

方案還明確組建國家廣播電視總局，不再保留國家新聞出版廣電總局。新聞出版工作將由中宣部統一管理，將原國家新聞出版廣電總局的新聞出版管理職責劃入中宣部。中宣部對外加掛國家新聞出版總署（國家版權局）牌子。

另外，電影工作也將被收歸中宣部統一管理，將原國家新聞

出版廣電總局的電影管理職責劃入中宣部，中宣部對外加掛國家電影局牌子，管理電影行政事務等。

此前，中宣部的權力主要停留在「宏觀指導」和「輿論引導」層面，不涉及具體管理事務。在此番機構改革中，上述這些調整無疑意味著中宣部將「實權化」。

中共十九大上，中宣部常務副部長、60 歲的黃坤明出任政治局委員；而江派大員、64 歲的劉奇葆提前出局，未能連任政治局委員。

2017 年 10 月 30 日，黃坤明首次以「中宣部長」的身份出席相關會議，顯示他已接替了劉奇葆的中宣部長的職務。

黃坤明是習近平福建、浙江舊部。黃坤明從 1982 年至 1999 年一直在老家福建工作，並在習近平任福建省委副書記期間升任龍岩市長。1999 年 8 月，黃坤明被調任浙江湖州市長。習近平2002 年 10 月轉任浙江省長、省委書記後，黃坤明 2003 年 2 月被提拔為嘉興市委書記。

中共十八大習近平上任後，時任浙江省委常委、杭州市委書記黃坤明 2013 年 10 月被提拔為中宣部副部長，2014 年 12 月再次被提拔為中宣部常務副部長。

習近平通過機構改革，派親信黃坤明與慎海雄接管權重增加的中宣部與央視，加強直接掌控文宣系統的跡象明顯，這對主管意識形態與文宣工作的王滬寧形成夾擊態勢。

宣傳部長會議 黃坤明與王滬寧表述有微妙差別

2018 年 1 月 3 中共在北京召開全國宣傳部長會議，王滬寧首

次以中共政治局常委身份出席這一會議並講話。政治局委員、中宣部長黃坤明主持會議並對工作進行了布署。

據官方報導，王滬寧要求中共官員要以習近平的有關「思想」作指導，要求中共宣傳系統官員要引導官員、民眾維護「習近平的核心地位」等。王滬寧還強調，要牢牢把握正確政治方向、輿論導向等；要加強黨對宣傳思想文化工作的全面領導，堅持以黨的政治建設為統領，落實好意識形態工作責任制等。

黃坤明強調要學習宣傳貫徹「習近平新時代中國特色社會主義思想」等套話之外，還提到「著眼以文化人，繁榮發展社會主義文化；著眼成風化俗，提高人民文明素養和全社會文明程度」、「落實全面從嚴治黨要求」等。

黃坤明所強調的「提高人民文明素養和全社會文明程度」，與習近平多次有關文藝工作的發言相呼應；「落實全面從嚴治黨要求」則暗示文宣系統清洗行動；而這些信息在王滬寧的發言中並未體現出來。

習近平給王滬寧出了一道難題

中共十九大結束之後不久，美國總統川普展開亞太之行，訪華前後釋放的兩大信號令人關注。其一，訪華前一天，川普政府發布歷史性的聲明，宣布 2017 年 11 月 7 日為「共產主義受害者全國紀念日」。在這之前，11 月 5 日，川普在日本橫田空軍基地對美軍官兵說，「任何人、任何獨裁者、任何政權……都不得低估美國的決心。」川普向中共等獨裁政權釋放明確的強硬信號。

其二，川普訪華期間，播放其外孫女阿拉貝拉用中文唱歌、

背誦《三字經》和古詩詞的視頻，展示對中國傳統文化的熱愛。

11 月 8 日下午，習近平夫婦和川普夫婦在北京故宮茶敘，期間，川普使用平板電腦向習近平夫婦展示阿拉貝拉的視頻後，習近平形容穿上旗袍後的阿拉貝拉「就像一個中國小姑娘」，誇獎她中文說得好，可以打「A+」。

11 月 9 日，在中美高官出席的、歡迎川普的國宴大廳上，阿拉貝拉的視頻再次播放。

而習近平超高規格接待川普，其中的中國傳統文化因素，與阿拉貝拉的視頻相呼應，引人聯想。

11 月 8 日，川普一行抵達北京後，由機場驅車直抵故宮，習近平和夫人彭麗媛在故宮寶蘊樓迎接，被視為是一次破格之舉。習近平夫婦陪同川普夫婦參觀故宮，在暢音閣欣賞京劇「梨園春苗」、「美猴王」、「貴妃醉酒」劇目，並在故宮建福宮享用正式晚宴。

京劇被視為中國的「國粹」、國劇，已有 200 年歷史。北京故宮，舊稱紫禁城，位於北京中軸線的中心，是明清兩個朝代二十四位皇帝的皇宮，始建於明成祖永樂四年（1406 年），永樂十八年（1420 年）落成。

參觀北京故宮時，川普與習近平有一段關於中國傳統文化的對話。交談中，習近平說，「文化沒有斷過流的，始終傳承下來的只有中國。」川普說，「所以這（故宮）就是你們原來的文化。」習近平回應說，「對，所以我們這些人也是原來的人，黑頭髮，黃皮膚，傳承下來。我們叫龍的傳人。」

對話中，川普直指故宮是中國原來的（original）文化，將其與當今中共統治下的文化區別開。而習近平的言論表達了對中華

文化傳承的意願。

川普與習近平這段對話，罕見被大陸官媒配字幕公開報導；另外，阿拉貝拉的視頻也被大陸官媒完整播放。再考慮到習近平選擇故宮、安排京劇演出接待川普，十九大後，習陣營藉川普訪華，高調突出中國傳統文化，與中共意識形態及黨文化大相逕庭，釋放的信號令人關注。

習近平十八大上台以來，在多個場合推崇中華傳統文化，強調傳統文化的歷史影響和重要意義，並在演講中播放了很多古今中外的文化元素。

作為中共意識形態理論長期操盤手的王滬寧十九大入常，由幕後走向前台，將直面中共意識形態危機與輿論管控危機。而王滬寧升任常委接管意識形態與文宣工作後近半年內，在公開場合從未談及中華傳統文化。

國際清算殘存共產主義的浪潮高漲之際，習近平在十九大後高調突出中國傳統文化。中國傳統文化，與中共獨裁意識形態及黨文化格格不入。面對習近平釋放的信號，負責中共意識形態的王滬寧將作何表態，何去何從呢？

親習黨媒警告 王滬寧頭懸四大利劍

2018 年 2 月 11 日，多維新聞網發表的一篇報導，首頁標題為《重掌筆桿子「王滬寧們」頭頂四大利劍》。

文章稱，作為中共十九大最值得關注的「政治黑馬」，王滬寧躋身政治局常委層並分管文宣、意識形態，將在更長周期裡左右著外界對中共文宣系統未來走向的認知和預判。2017 年下半

年，同樣作為知識分子的林尚立和高翔相繼出任中共中央政研室祕書長、國家網信辦副主任。

文章說，現有理論對現實的解釋力和說服力、對實踐的指導力越來越乏力，已經全然跟不上習近平的步伐和節奏；對於王滬寧等人來說，頭頂至少還有四大風險需要防範。

首先是不能淪為新的官僚。縱觀當下整個宣傳系統，在積重難返的官僚體系的影響下，不僅面對各種新情況、新問題時簡單粗暴，冥頑不化，延續一刀切，而且不斷加劇本就脆弱不堪的公信力危機和官民矛盾。

中紀委此前對於中宣部五大問題的披露，可謂各種弊病的集中暴露，也說明習近平對於中宣部的作為已忍無可忍。走出長期以來的官僚思維，摒棄僵化和極左做派，避免淪為新的官僚；這是知識分子重回文宣系統能否帶來變局的總源頭和大前提。

其次是要有硬骨頭。知識分子在與政治發生關係時不可避免地遭遇跌宕起伏的多舛命運。對於重回文宣系統的知識分子來說，如何在保持硬骨頭的同時掌握話語權，著實為一大挑戰和考驗。

第三是避免陷入自負與專制。知識分子群體中廣泛存在自負與專制。而在現如今冰火不相容的左右派群體中，這種自負與專制更為劇烈。知識分子若是置身於文宣系統內，仍然陷入自負與專制的陷阱中不能自拔，不僅容易以訛傳訛，妨礙思想界對於理論真實邏輯和內涵的理解，而且最高層意欲實現的理論創新更是無從談起。

最後便是不能操之過急。任何一套思想理論體系的誕生，都需要一個過程，不僅包括成熟的過程，還包括人們接受的過程。

比照來看，僅通過五年時間就推出「習近平思想」不免操之過急，現如今仍難言「瓜熟蒂落」。

文章說，對於重回文宣系統的知識分子群體而言，任何曲意逢迎或是多快好省盲目求快，都可能給中共造成災難性後果。當下的理論「濫觴」與「亂倫」，已經到了非得習近平牽頭去打一場硬仗的地步。這場硬仗勝算幾何，當下難有定論。

多維新聞網總部設在北京，近年來頻頻替習陣營發聲，被認為是「親習黨媒」。多維發文公開警告王滬寧頭懸四大利劍，釋放的政治信號值得關注。

結語

王滬寧背景複雜，起家於上海，由江派曾慶紅推薦進入北京，歷經江澤民、胡錦濤、習近平三任總書記不倒，算是政壇奇蹟。十九大後，習陣營圍剿江澤民及其上海老巢已進入新的階段，與上海幫有著說不清、道不明關係的王滬寧將在其中充當何種角色？

另一方面，王滬寧先後操刀「三個代表」、「科學發展觀」、「新時代中國特色社會主義思想」，堪稱「變臉高手」。王滬寧十九大入常，由幕後走向前台，將直面中共意識形態危機與輿論管控危機。在內憂外患加劇，中共意識形態行將崩潰的歷史浪潮中，王滬寧將何去何從？

四大部署 習王超越常委制

第七章

廢常委制 或行總統制

十九大前夕，習陣營曾頻頻釋放放廢除常委制、實行總統制的信號。十九大後，習近平進一步集權；與此同時，中共政權內外交困，各種社會危機日益加劇。習近平是否順應天意民心，清算江澤民、解體中共，將是中國政局發展的最大看點。

習陣營在逐步實質性架空常委會、放風廢除常委制的同時，釋放實行總統制的信號。（AFP）

第一節

習破解江澤民所設
「九龍治水」亂局

江澤民以集體領導名義，製造「九龍治水」亂局。習近平上台後，在加強集權的同時，施壓政治局常委，釋放廢除常委制的信號。（AFP）

　　胡錦濤當政時期，江澤民將親信塞進政治局常委會，以所謂「集體領導」名義，製造「九龍治水」亂局，架空胡錦濤。習近平上台後，拿下周永康，打破「刑不上」常委的潛規則；暗示「九龍治水」亂局與政變之間的關聯。習在加強集權的同時，施壓政治局常委，釋放廢除常委制的信號。

江澤民塞羅干、李長春入常 常委七變九

　　1989 年「六四」事件發生後，江澤民被鄧小平指定接替趙紫陽。鄧小平雖然選定江澤民進入中南海，但是鄧對江一直不放心，為防範江日後獨攬大權，鄧小平在 1989 年 11 月卸任軍委主席後，

在中共十四大上買了個「雙重保險」：一是隔代指定胡錦濤為第四代接班人，廢掉了江的「立儲權」；二是將超齡軍頭劉華清推上常委的位置，配合同為軍委副主席的張震，一路「持槍」監軍，直到胡錦濤順利上台。

1997 年初鄧小平死後，江澤民立即開始清洗軍中鄧的勢力。到了 1997 年中共十五大時，十五屆軍委幾乎清一色都已換成了江的親信。此後，江澤民開始權力獨裁，既掌握軍權，又是「黨核心」，對鄧生前指定的隔代接班人胡錦濤處處設障，其從 2002 年交出總書記職位之後，仍不肯退出中共權力核心。

在鄧小平、江澤民時期，中共的統治都是所謂的「核心」論，但江澤民下台前，他為了掌控胡錦濤當局，把此前的七常委改為九常委，把「核心」論改為了「集體領導」。

中共政治局常委人數並無定制，但以七人制較多。中共十四大和十五大的常委會都是七人。到了 2002 年 11 月中共十六大，江澤民面臨退休，胡錦濤當上中共總書記。戀權的江無奈交出中共總書記的權力後，硬把常委數量從七人增加至九人。

九名政治局常委分別是胡錦濤、吳邦國、溫家寶、賈慶林、曾慶紅、黃菊、吳官正、李長春、羅干。

江澤民為了將羅干、李長春塞進常委，新增了中央政法委書記和中央精神文明委主任入常，攤薄了胡的權力。當時政治局常委中七人是江派，胡溫被孤立。

在胡錦濤的第二屆任期內，除了胡錦濤、溫家寶、習近平、李克強，仍有五名常委是江澤民的心腹。同時，江還提拔了郭伯雄、徐才厚兩名心腹替其掌控軍權。致使胡錦濤、溫家寶的實權被架空。

「九龍治水」的危害

中共中央政治局常務委員會裡實行所謂「集體領導制」，七人或九人不等的政治局常委，針對重大問題的決議，採取一人一票制。總書記的一票和餘人等值，七人或九人的單數設計，就是希望能得出多數決。

其次，政治局常委每人各管一攤，井水不犯河水，裡面除了總書記兼國家主席、軍委主席外，餘人包含國務院總理、全國人大常委會委員長、全國政協主席、中共中央紀律檢查委員會書記、中共中央政法委員會書記，以及主管意識形態者等。這種政治局常委分工合作的模式，被海外評論者稱為「九龍治水」。

常委制這種寡頭式制度的設計者在考慮到讓常委們互相掣肘的同時，還保留了一個立於常委群之外的「太上皇」機制。在胡錦濤時期，江澤民是「太上皇」；在習近平時期，江澤民還想當跨代「太上皇」。

這種決策模式的弊端在胡錦濤執政時代徹底暴露，其中最為突出的是「九龍治水、各管一攤」的混亂局面。有媒體曾如是分析「九龍治水」的危害：這種局面本質上就是權貴操控國家政權的寡頭政治，它虛化了政權的統一，懸置了國家的法度，把持了各級權力，使國家陷入幫派化、團伙化分割侵掠的狀態中。同時，這種局面更造成了整個國家官僚貪腐氾濫、權貴強取豪奪，社會兩極分化，環境資源枯竭，法制正義無存，矛盾衝突日熾。

部分政治集團長期把持某一系統，形成尾大不掉的山頭。目前在監的前中共政治局常委、政法委書記周永康，其勢力範圍的盤根錯節，就是一個明顯例證。

江澤民害怕清算 留下政治遺囑

據《動向雜誌》2012 年 8 月號報導，江澤民比中共的任何一位高級幹部更能知道「六四」問題所具有的輻射力，因此，江澤民在按程式交出黨權（總書記職務）之前，於 2001 年 2 月藉「貫徹三個代表」的中央會議之機，明訂兩條：其一，絕不允許鬆懈打擊法輪功的鬥爭；其二，對「六四事件」定性的「黨的結論正確性」不容改變。這兩項江的「政治遺囑」是由庫恩所著《江澤民傳》予以披露。民間研究江澤民史料的學者將庫恩披露的兩點稱為「江二條」。

與溫家寶關係密切的香港知名人士吳康民曾於 2014 年 3 月在港媒發表署名評論文章表示，周永康案牽涉之廣、之深實屬罕見。評論質疑周案遲遲難以結案，是因為背後有人撐腰，並提及十年前，「某一位要員則表示，他一定要安插一位親信主管『公檢法』，以保證自己下台以後不會被清算。」近乎直接點名周永康後台江澤民。

吳康民評論稱，「周案的嚴重，周案的遲遲不能結案，難免令人要問，他就是最高貪腐頭子嗎？他的背後，還有什麼人撐腰？他不法的拉幫結派，其廣、其深、其眾，為何能長期存在？以至今天要結案、公布仍是阻力重重？在大約十年前，我人在北京，聽到一些政壇中人耳語，說有些中央要員，退下來都要安排親信接班，使權力中心仍有自己的心腹，以便保持影響力。如某一位要員則表示，他一定要安插一位親信主管『公檢法』，以保證自己下台以後不會被清算。」

習以「增量政治」對抗「九龍治水」

2012 年，中共十八大上，「九常委制」變回「七常委制」，但劉雲山、張德江、張高麗被江澤民塞進常委會，成了江澤民集團對抗習近平的台前人物。

習近平上台之後的權力安排，首先是將政法委書記由政治局常委打落到政治局委員，降低政法委的政治位階。其次是透過人事安排及權力重新分配，讓這個主管百萬武警、全中國公檢法的體系，重新納歸最高領導人麾下。

除此，更重要的，通過黨內分設各類小組、委員會，並自兼組長、主任、主席、總指揮的方式，習近平將其他政治局常委的權力全數收歸自己。

有分析指，由於局面積重難返，任何深度和廣度的改革，都不可避免面臨來自各方的阻力和抵抗。所以習近平悄然以小組治國的模式取代政治局體制，與其說是強勢來襲，毋寧說是面對現實境況時的不得已選擇。

曾在中共中央宣傳部、書記處辦公室以及中共中央辦公廳任職的吳稼祥解釋了個中原委：中共已有的權力結構是「存量政治」，不能輕舉妄動隨便廢除，因為「你不知道其中連著誰的筋、結著誰的骨，傷筋動骨，必遭報復」。他認為，可行辦法是選擇「增量政治」，即不動原來的機構而新設自己指揮得動的機構，例如領導小組、委員會等，既不會動人家的乳酪，也能推行自己的施政目標。

「鐵帽子王」政變與「九龍治水」亂局

2016 年 7 月 7 日，微博帳號「反腐動態 A」發表長微博帖文《「鐵帽子王」政變與「九龍治水」亂局》。文章藉著清朝「鐵帽子王」政變的歷史影射江澤民集團的政變陰謀；公開否定江澤民當年為架空胡錦濤而設置的九常委制，將「打虎」矛頭直接指向江澤民。文章釋放的強烈政治信號令外界關注。

文章首先回顧清朝雍正年間，「鐵帽子王」策動一場意在通過「八王議政」來顛覆雍正王權的政變的歷史。文章說，對權貴集團來說，王權分治，令不統一，拉幫結派，各持一方，是維繫利益長久化與最大化的制度保障。於是歷朝都會出現各種變著花樣分化架空王權的模式，「鐵帽子王」尋求的「八王議政」就是其中一種。

文章隨即引申到當下政治現實：時至今日，中國居然出現了為權貴御用刀筆吏所謳歌的「九總統制」，其本質上也就是權貴蠶食權力，廢棄法度，各執一攤，保全家族與集團利益最大化的方式。這種局面造成整個國家官僚貪腐泛濫，權貴強取豪奪，社會兩極分化，環境資源枯竭，法制正義無存，矛盾衝突日熾。

文章說，十八大後，雖然「九總統制」從形式上變成了「七常委制」，但新當權者事實也是面臨這種被權貴架空的局面，與當年雍正登基時期所處的國家環境具有極大的相似性。看看中共十八大前一批御用文人極力鼓吹「九總統制」超越世界一切制度的優越，實質就是要維護權貴操控政局、左右國策的模式，這本質上與雍正時期「鐵帽子王」要通過政變來推行「八王議政」是一脈相承。

文章稱，那些自 1989 年後經營起的權貴集團，形成的「鐵帽子王」，顯然不會甘願放棄既得利益，他們要努力維繫過往「九龍治水」各自為政的局面，以鞏固延續自身集團利益。在這種形勢下，如果不能最終將代表權貴集團利益的「鐵帽子王」拿下，不能挖掘出其背後的主使者，反腐就不會取得「壓倒性勝利」，中國新政就不可能推開。

文章強調，中國當下雖然拿下了周永康、徐才厚、薄熙來、令計劃等，但是遠遠沒有將造就「九龍治水」的各權貴集團摧毀，沒有全部緝拿下代表各幫各派利益的「鐵帽子王」，更沒有挖掘出操控「鐵帽子王」而設置「九龍治水」陷阱的幕後魔手。

文章最後表示，中國要想根本扭轉局勢，一場與權貴集團的「壓倒性勝利」的決戰勢所難免，否則新政將無從談起，「九龍治水」亂局也無法從根本上消除。眼下，國人正期待著這種「壓倒性勝利」早日到來！

該長微博迅速被網民分享、轉發、跟帖力挺。

文章用詞大膽敏感，以「1989 年後經營起的權貴集團」直指江澤民集團，以清朝「鐵帽子王」政變影射江澤民集團的政變陰謀；文章公開否定江澤民當年為架空胡錦濤而設置的九常委制，強調必須挖掘出操控「鐵帽子王」而設置「九龍治水」陷阱的幕後魔手，將矛頭直接指向江澤民。

當時網民熱議稱，習陣營輿論先行，公開抓捕江澤民或為期不遠。

習將「打虎」目標指向現任常委

2016 年 6 月 28 日，習近平主持中共中央政治局會議，審議通過中共《問責條例》，實行追究問責，釋放「有責必問、問責必嚴」的強烈信號，其中特別提到要追究領導責任。

當天下午，習近平主持召開政治局集體學習會議。習近平在發言中強調淨化政治生態，要「以上率下」：從政治局常委會、政治局、中央委員會做起，嚴格按制度和規矩辦事，任何時候都不搞特權。

7 月 1 日，習近平發表講話中稱，作風「要從中央政治局常委會、中央政治局、中央委員會抓起，從高級幹部抓起」。

習近平連續兩次講話中強調「要從中央政治局常委會抓起」，將目標指向現任政治局常委。

中共十八屆六中全會 2016 年 10 月 27 日結束，確定「習核心」，審議通過了中共黨內《政治生活準則》和《監督條例》。

習近平在六中全會上關於《準則》和《條例》的說明中，特別強調，加強和規範黨內政治生活、加強黨內監督必須首先從中央委員會、中央政治局、中央政治局常委會的組成人員抓起。

習還透露，正在制定高級幹部貫徹落實《政治生活準則》的實施意見。

11 月 21 日中紀委官網發文《從高級幹部嚴起》，文章稱，十八大以來，查處了 200 多名高級幹部，他們當中有的妄圖攫取黨和國家更大權力，政治腐敗和經濟腐敗通過利益輸送相互交織，搞團團伙伙；周永康、薄熙來、郭伯雄、徐才厚、令計劃等案件的發生，警示現在並非「天下太平」，仍「不可放鬆」；高

級幹部必須提高政治站位等。

周永康、薄熙來、徐才厚、令計劃被稱為「新四人幫」，他們的總後台就是中共前黨魁江澤民。

《政治生活準則》、《監督條例》、《關於高級幹部貫徹落實準則的實施意見》實為江派政治局委員、常委級別高官乃至江澤民量身定做，為習近平在中共體制內限制江派高官權力、並進行監督、查處提供依據。

北京高層出現體制變革呼聲

早在 2016 年 5 月 5 日，《亞洲周刊》報導稱，北京高層出現了改革呼聲，要研議中共體制變革：有沒有必要繼續設中央政治局常委制，有沒有必要打破政治局規範的「七上八下」（67 歲可留任，68 歲須退休）的不成文規則；有沒有必要還需在黨內隔代指定下一屆接班人？以政治局常委這一架構為例，它的存在現在看來是多餘的，負面作用大於正面作用。

報導引述接近中共高層的人士透露，如果習近平能頂住來自各方的角力干擾，強勢主導人事布局，中共體制會有外人難以想像的變革：廢除「七上八下」潛規則、「廢除隔代指定接班人」、「取消政治局常委制」等都會循序推進。

據稱，習近平斷然撤銷「隔代任命」名單，與胡錦濤的傾力相助有密切關係。2015 年底，有消息稱，胡錦濤在同年五中全會前夕再次致信政治局，呼籲撤銷正在推行的某些政策或不成文規則，並提出了八條建議。

八條建議第一條是建議撤銷在 2012 年中共十八大前夕，中央

內部會議上提議並通過的這兩屆中央政治局領導核心人員名單。撤銷為已退、離休中共總書記、國家主席專設辦公室機制，取消中共中央政治局常委退休後，享有中央政治局常委、政治局委員在會議內的權力；取消、停止中共中央政治局常委已退離休常委享受專機、專列到各地休息的特權等等。

中共十九大上，新常委中未出現接班人選，習「廢除隔代指定接班人」；2018 年兩會上，王岐山強勢回歸任國家副主席，習變相廢除「七上八下」潛規則。中共體制變革三大傳言中，只剩下政治局常委制仍保留。

習近平連續在高層講話中強調「要從中央政治局常委會抓起」，制定《政治生活準則》、《監督條例》等，將目標指向現任政治局常委。

敏感時刻，網路熱傳帖文《「鐵帽子王」政變與「九龍治水」亂局》，暗示江澤民集團政變罪行，尖銳言論直接指向江派政治局常委及其背後人物江澤民。

在習近平確立核心地位，進一步集權後，政治局常委「九龍治水」的亂局已實質上被破解；政治局常委制被廢除應該只是時間問題，與之呼應的將是更深層的政治變局。

第二節

習陣營釋放實行總統制信號

官方宣傳《習近平時代》時，稱習近平的改革之心歷史罕見，「這是一場決定中國命運的大改革」。其中或包括取消常委制、建立總統制等。（大紀元資料室）

近年來，習陣營在逐步實質性架空常委會、放風廢除常委制的同時，釋放建立總統制的信號。習近平自己曾公開稱中國正經歷最為深刻的社會變革。

體制內專家汪玉凱兩談總統制

2016 年 7 月 11 日，《鳳凰博報》刊發訪談文章，中共體制內專家、國家行政學院教授汪玉凱說，當局要應對現在出現的種種風險、危險，就必須在政治改革上端有所突破。過去改革更多的是政治體制下端的改革，下端主要是行政改革，而政治體制上端還有三個更關鍵的要素，那就是憲法權威、民主與法治。中國這麼多年的政改主要集中在下端改革，而上端改革明顯有不足，這樣就導致執政風險上升。

　　汪玉凱認為，中國也可以借鑑總統制的一些制度形式，總統制也是可以考慮的選項之一。如果在中國實行總統制，不只是變動一個崗位，即把國家主席變成總統這麼簡單，而應該是一個系統性改革，要從國家元首、政府首腦的職責權限、政治體制、司法體制、行政體制等多個方面，進行系統化設計。

　　現在中共的國家主席，屬於虛位首。如果總統成為擁有國家實權的元首，隨之必將帶來一系列其他政治體系內部的調整，比如所涉及到的黨的體系、行政體系、立法體系，司法體系等與元首變更關係都比較大。

　　汪玉凱還表示，搞總統制首先要考慮中共常委制和書記處的去留問題，是都要，還是保留一個？這是第一個有必要進行認真思考的改革問題。關於行政機構，國家行政機關的總理職位也需要進行相應的調整，總統權力和總理權力如何設定也是一個值得關注的問題。

　　在立法方面，現在人大是國家立法機關和權力機關，如果改革的話應該加強立法機關的權威性和穩定性。從司法體系來看，關鍵要建立起司法相對獨立的架構，保障司法體系的獨立。

　　至於總統這個職位的產生，汪玉凱認為，從國際社會看，可以是直接選舉，也可以是間接選舉。從中國的實際情況看，如果當下不能直接選舉，可以通過人大間接選舉產生也是可以的。

　　這是汪玉凱第二次公開提總統制。2016 年的 3 月底，汪玉凱接受《聯合早報》採訪時首次透露，中國未來可以由國家主席制變為總統制。他認為形式並不是最主要的問題，關鍵是制度設計的科學性和合理性。如果中國的政治體制變為總統制，從目前中國的政治生態看，必須是「系統性改革」。

汪玉凱認為：「如果再回到文革的價值形態上，中國肯定沒有前途。」歷史潮流是向著民主和法治方向演進。

另外，2016年初，清華大學社會學系教授、博士生導師孫立平曾刊文《從集體領導到雙首長制》，文章表示，中共的「集體領導制」導致內鬥不止；並提出最有效的體制是代理關係明確前提下的首長負責制。文章結論認為，「如果不能通過民主的方式將委託代理關係落到實處，僅僅通過行政體制框架內的集權或分權來解決問題，是不可能的。」

2016年7月30日，北京大學法學院知名教授賀衛方在台北的一次演講中表示，在中國法律界有一種修改憲法的議論，有人提出改成「總統制」，習近平擔任第一任總統等提議。他說，「學習粉絲團」有一次安排他和團長見面。團長談及要給習近平時間，他會給中國帶來繁榮和驚喜等。

網傳習修憲最終目的是要實行總統制

2017年12月30日，網民「多美」在推特上發帖稱，「今晚飯局，在座一位國防大學將級教官說：習將建立一支聽從總統指揮，效忠國家的武裝力量。我聽後腦袋一轟，顧不上禮節，打斷他的話：這可能嗎？我的意思是說……，您懂我的意思嗎？隔著幾個人，他側著身，朝著我，沉靜地望著我的眼睛說：我懂。相信您也懂我的意思。而且，隨時有可能廢黜。」

帖文暗示，習近平將實行總統制，並隨時有可能廢止目前的中共政治體制。

網民「多美」隨後又發帖稱，國內說話不能太透，即便是朋

友飯局。所以，只能「意會」。

對於習近平修憲取消國家主席任期限制，媒體民間眾說紛紜。其中一種解讀是：以專制手段來結束專制制度。

2018 年 3 月，一位叫「愛揭祕」的網友給海外中文媒體《看中國》發郵件稱：習近平修憲最終目的是要實行總統制。

「愛揭祕」稱，據一位接近高層人士透露：習近平此次修憲——刪除國家主席任期上限，及進行中共黨和國家機構改革，最終目的是要實行總統制。習有信心當選第一任總統。此意向已在中共高層討論。

「愛揭祕」同時給出習近平實施總統制的方式，也就是蘇共解體的過程。而蘇共解體的過程為：蘇聯戈爾巴喬夫擔任了蘇聯最高蘇維埃主席之後，總書記的許可權開始向最高蘇維埃分權和轉移；總統制確立後，「共產黨不再有合法的權力進行專制統治，國家和政府的組織與以前萬能的共產黨機構沒有正式的聯繫」；之後戈爾巴喬夫當選蘇聯總統；最後導致蘇共垮台！

習公開稱中國正經歷最為深刻的社會變革

2016 年 5 月 17 日，習近平在北京主持召開哲學社會科學工作座談會並發表講話。座談會上，中國社科院研究員汝信、北京大學國家發展研究院教授林毅夫、中國社科院研究員鍾君、敦煌研究院研究員樊錦詩、復旦大學中國研究院教授張維為、北京師範大學文學院教授康震、中國政法大學教授馬懷德、武漢大學教授沈壯海、國防大學戰略研究所教授金一南、中國人民大學重陽金融研究院研究員王文先後發言。

習近平隨後在講話中強調，當代中國正經歷著中國歷史上最為廣泛而深刻的社會變革。歷史表明，社會大變革的時代，一定是哲學社會科學大發展的時代。這是一個需要理論而且一定能夠產生理論的時代，這是一個需要思想而且一定能夠產生思想的時代。哲學社會科學工作者都應該通古今之變化、發思想之先聲。

習近平表示，觀察當代中國哲學社會科學，需要放到世界和中國發展大歷史中去看。中國哲學社會科學要有所作為，就必須堅持以人民為中心的研究導向；按照立足中國、借鑑國外，挖掘歷史、把握當代，關懷人類、面向未來的思路，體現中國特色、中國風格、中國氣派；體現繼承性、民族性；體現原創性、時代性等。

習近平還表示，要加強中國特色新型智庫建設，建立健全決策諮詢制度。要鼓勵大膽探索，開展平等、充分說理的學術爭鳴。

習近平講話中罕見公開稱中國正經歷著中國歷史上最為廣泛而深刻的社會變革。習近平強調哲學社會科學發展要以人民為中心的研究導向，要立足中國，體現繼承性、民族性；相關表述用詞敏感，相較中共馬克思主義意識形態，有明顯突破。

習近平或有「驚人之舉」

2015 年 10 月，海外中文媒體援引消息稱，習近平上任是各派的妥協，尤其是胡、溫勢力全力支持的結果。但接管中共最高權力不等於大權在握。習近平上任後，敲山震虎，層層奪權，則是靠王岐山以反腐為利器，披荊斬棘，「殺出來的一條血路」。人人都知道，反腐是個高危的事業。反腐不管觸動了哪一方的利

益，稍有不慎，都可能身敗名裂，死無葬身之地。

消息稱，有位朋友私下說，習近平韜光養晦，從「周永康、薄熙來、曾慶紅之類的人看走了眼的情況來看，老闆是個深藏不露，很有心機，有大志的人」。

習近平在文革後期，利用家庭關係之便，讀過相當一批「內部讀物」。習近平年輕時受西方理念的影響。那位朋友預言，未來只要條件成熟，或條件許可，習近平很可能會有驚人之舉。他「有一個宏大的，開創時代的夢」。

2016 年 6 月 23 日，中共黨校機關報《學習時報》選載《習近平時代》一書的內容，並以「決定中國命運的大改革」為標題予以突顯，並稱「這是一場決定中國命運的大改革」。

文章說，習近平當局此輪「改革的決心之大、規模之宏偉可能在人類歷史上都是罕見的」。涉及 60 個方面任務、336 項具體改革措施，包括經濟、政治、文化、社會、生態文明、國防和軍隊等。

國務院副總理劉延東出訪美國，向美國人介紹這個龐大的改革計畫時，大家都被震驚了。

當時外界解讀，「一場決定中國命運的大改革」可能就包括取消常委制、建立總統制等。

習向親信透露：二十年徹底改變中國

中共十九大後，習近平啟動修憲，廢除國家主席任期限制，引發外界猜測習謀求長期執政。早在兩年前，有消息稱，習近平向親信透露，將連任四屆，擬用 20 年的時間徹底改變國貌。

港媒《前哨》2016 年 11 月號報導，一位貨真價實的「自由派習粉」，洩露了一個小圈子祕密，據說來自習近平的一名親信。

習私下對這名親信表示：「沒辦法，咱們只有忍辱負重」，並透露他的四個「五年計畫」。

第一屆，十八大任上，初步反貪及全力固權，因為沒實權啥也幹不成。

第二屆，十九大任上，繼續固權，而且培植未來足以壓倒任何派系的親信勢力，同時抽出相當精力、財力改善民生，讓老百姓嘗到有關實惠。

第三屆，二十大任上，水到渠成，從制度層面根治腐敗，不論政治背景、家族背景如何，無差別對待。

第四屆，二十一大任上，持續強化、常態化全國的政治生態，把官員真正改造為「公僕」。

這名「自由派習粉」表示，堅決支持習多幹十年即兩屆，即 2032 年再退下，否則什麼事也幹不成，不是半途而廢，就是功虧一簣。

2016 年 11 月 5 日，另一篇署名「楊子」、題為《習近平連任三屆的操作步驟》的文章在網上熱傳。文章稱，剛剛確立的「習核心」不可能只當五年，起碼要十年吧，並說明習近平分三步走，實現他主宰中共政壇三十年的夢想。

首先，在中共十九大上，習近平確立以 70 歲入常委為限，在制度上，他可以順利在二十大上連任。那時他只有 69 歲。

第二，十九大上不培養接班人，或不明顯指明誰是接班人；二十大時沒有明顯的替代人選，就可以造成他繼續留任的天時。

第三，二十大之前，會有連任「兩屆不是制度，退休年齡才

是制度」等報導。然後有「民間」的聲音，官員的呼籲，要求習再幹一屆。

目前來看，雖然習近平十九大為打破常委「七上八下」的潛規則，但不設立接班人已經實現，而修憲廢止國家主席任期限制，也正在操作之中。這顯示，習近平早已準備謀求連任。

第三節

習近平可能實行總統制的徵兆

習近平通過廢除接班人制度，弱化中共團組織，掐斷了中共「接班香火」。
（Getty Images）

　　習近平通過廢除接班人制度，弱化中共團組織，掐斷了中共「接班香火」。與此同時，習近平被冠以「最高統帥」、「最高領袖」等頭銜；習修憲廢除國家主席任期限制，黨政機構改革隱現國家權力體系色彩。習陣營這些動作，不排除為總統制鋪路的可能性。

習兩招掐斷中共「接班香火」

　　中共十九屆新常委名單沒有廣東省委書記胡春華和重慶市委書記陳敏爾，全由六十歲以上人群組成，也就是所謂的五零後一代人，六零後一代一個沒有。法新社因此評論，習近平沒有潛在的接班人。

　　早在十九大之前，孫政才的落馬就標誌著隔代指定接班人制

度的破產。當時就傳出消息稱,另一名被視為中共接班人的胡春華「主動上書」中央,不願擔任「隔代指定繼承人」。

許多分析認為,廢除儲君胡春華,不隔代指定接班人,習這樣做是為五年後尋求連任鋪路。

法國政治學家高敬文認為,習這樣做,是不要任何人來跟他來分享權力;誰也別想在他跟前提示準備解決接班人的問題。

習廢除「隔代指定」的同時,還弱化共青團這個「共產主義接班人」組織,強調共青團「不要想著接班」。

近年隨著中共意識形態潰散,共青團亦處於瀕死狀態。中共的共青團與婦聯和工會一起被稱為「三具政治殭屍」。

自原中辦主任令計劃 2014 年底被調查後,習近平對共青團大力改革,其官員也不斷被「邊緣化」。習近平也多次在相關會議上,對共青團作出嚴厲指責,批其處於「高位截癱」的狀態。

2017 年 9 月,中共官媒出版發行習近平有關共青團工作的言論摘編,書中首次曝光習近平對共青團極為不滿的一些尖銳言論,指共青團「形同虛設」,只會「空喊口號」等。

中紀委批團中央「機關化、行政化、貴族化、娛樂化」;基層組織渙散;執行官員選拔任用制度規定不嚴等。

中共中央辦公廳 2016 年 8 月印發《共青團中央改革方案》,聲言要從四個方面和十二個領域著手,「減上補下」,徹底整頓共青團系統。

原任共青團中央第一書記的秦宜智,2017 年意外「落選」十九大代表,之後又多次缺席重要場合。

港媒曾報導說,中共十八大後出掌團中央的秦宜智曾長期在四川工作,周永康的烙印明顯。因此,他的未來仕途注定不被

看好。

2017 年 9 月 20 日，官方宣布秦宜智目前已轉任國家質量監督檢驗檢疫總局副局長（正部長級）。2018 年 4 月 4 日，中共國務院集中發布國家工作人員任免信息，涉及 100 多人。其中，任命秦宜智為國家市場監督管理總局副局長（正部長級）。

除了秦宜智的仕途轉向，還有共青團書記處書記周長奎、盧雍政、羅梅等人，或平調國務院部委管理的下屬機構任職，或赴地方擔任專業職務，邊緣化的趨勢明顯。

上述一系列舉措，無疑於告訴外界，團派已經失去「接班人」身份，習近平已經掐斷了中共的香火。

習新頭銜釋放政治信號

2017 年 7 月 17 日開始，中共央視開始播放政論專題片《將改革進行到底》，主要總結習近平執政五年來的政績等。在第一集《時代之問》中，提及習近平為「國家最高領袖」。

《時代之問》播出後，有大陸智庫學者做出權威解讀，賦予習近平新的稱謂——「中國第三位具有總設計師屬性的一位政治家」。

2017 年 7 月 10 日，中共新華社發表題為《領航人民軍隊：習近平領導推進強軍興軍紀實》的長文。該文開篇即以「黨中央的核心、全黨的核心、軍隊最高統帥」來稱呼習近平。這是大陸官媒首次以「最高統帥」稱呼習近平。

在此之前的中共歷任軍委主席中，只有毛澤東、華國鋒、鄧小平被中共喉舌媒體稱為「最高統帥」。其中，華國鋒只是一個

過渡人物，真正掌控了中共軍隊全部實權而堪稱「最高統帥」者，只有毛、鄧二人。

胡錦濤當政時期，在江澤民干政之下，黨政軍大權被江安排的心腹架空。中共十八大以來，習近平、王岐山大力清洗江派人馬，在政界、軍界展開大規模的反腐「打虎」運動，共有二百多名「老虎」落馬，其中在軍隊中，落馬的上將包括江澤民的兩名心腹、中共前軍委副主席郭伯雄、徐才厚，空軍原政委田修思，武警部隊原司令員王建平，國防大學原校長王喜斌等。

習在軍隊反腐的同時推進軍隊改革，改軍區制為戰區制，提拔、布署親信卡位關鍵軍職，不斷加強對軍隊的掌控；軍方則不斷強調「軍委主席」負責制，頻頻在習江鬥關鍵時刻發聲，力挺習近平。

習被冠以「最高統帥」，不僅顯示習對軍隊權力的絕對掌控，也將其在中共黨內、軍內的地位定位比肩於毛、鄧，而超越江澤民。

值得關注的是，在西方民主國家的總統制中，如美國民選總統就是當然的三軍「最高統帥」。習被冠以「最高統帥」，與總統制之間的關係，令人聯想。

黨政機構改革浮現國家權力體系色彩

2018 年 1 月 24 日，習近平首席經濟智囊、中共中央政治局委員、中央財經領導小組辦公室主任劉鶴出席第 48 屆世界經濟論壇年會（達沃斯論壇）時表示，中國在紀念改革開放 40 周年時，將推出新的、力度更大的改革開放舉措。劉鶴稱，「我可以

非常負責地向各位報告，可能我們的有些措施將超出國際社會的預期。」

中共兩會上審議機構改革方案。期間，3 月 13 日，中共黨媒《人民日報》刊發劉鶴署名文章《深化黨和國家機構改革是深刻變革》，全文五千多字，從三個層面對機構改革加以論述：第一，充分認識推動這場深刻變革的歷史和現實必然性；第二，準確把握這場深刻變革的鮮明特徵；第三，切實保障機構改革的有效推進。

文章強調，這次機構改革是全面的改革。這次改革之所以具有革命性，就在於不回避權力和利益調整，而是要對現有的傳統既得利益進行整合，重塑新的利益格局。

兩會後，習近平當局公布《黨和國家機構改革方案》，內容涵蓋黨、政府、人大、政協、司法、群團、社會組織、事業單位、跨軍地，中央和地方等一系列機構的合併、裁撤、重建等；多是對中國各方面危機的回應。

值得關注的是，在中共官方強調「黨領導一切」的同時，這些機構改革浮現國家權力體系構建色彩。

比如，新組建國家監察委員會被明確為國家監察機構；由全國人民代表大會產生，接受全國人大及其常務委員會的監督。

將中央黨校和國家行政學院的職責整合，組建新的中央黨校（國家行政學院），實行一個機構兩塊牌子；將國家公務員局並入中組部，中組部對外保留國家公務員局牌子；中宣部統一管理新聞出版與電影工作，對外加掛國家新聞出版署（國家版權局）、國家電影局牌子；將國家宗教事務局並入中央統戰部，中央統戰部對外保留國家宗教事務局牌子。

整合中央電視台（中國國際電視台）、中央人民廣播電台、中國國際廣播電台，組建中央廣播電視總台，作為國務院直屬事業單位；撤銷中央電視台、中央人民廣播電台、中國國際廣播電台建制；對內保留原呼號，對外統一呼號為「中國之聲」。

這些新合併、組建的機構，名義上由中共中央部委主導，同時加掛國家機構色彩的牌子，突出「國家」與「中國」字眼；也就是一套人馬、一個機構、兩塊牌子，將黨政權力整合、統一。

另外，新設退役軍人事務部、移民管理局等，被認為是借鑑美國的治理經驗。親習媒體、總部在北京的多維網對此解讀稱，改革方案預示了一場立足中國現實，面向未來及世界的改革。

尤為關鍵的是，這些實施社會統治、管理的關鍵機構幾乎全由習陣營人馬掌控，如習近平、王岐山的舊部、中紀委副書記楊曉渡任國家監察委首任主任；習近平的親信、中組部長陳希、習近平文膽何毅亭分別出任國家行政學院院長與常務副院長；中宣部長黃坤明則是習近平的浙江舊部；現任中央統戰部長尤權是溫家寶、李克強的前國務院大祕；新任中央廣播電視總台台長慎海雄與習近平關係密切，曾被稱為是習的「專用記者」；新任公安部副部長、移民管理局長許甘露是習近平的福建舊部。

習近平派親信人馬全面主掌這些黨政權力合併的機構，建立起可切實掌控的國家權力體系；在習近平確立核心地位，掌控黨政軍最高權力的態勢下，這些所謂「黨領導一切」的權力機構實質上將聽令於習一人。

這也意味著，習在完成權力機構與人事布局後，若要進行政治變革，黨權與國家權力之間可瞬間切換。這是否是習近平為實行總統制等政治變局而進行系統布署的一個環節，有待觀察。

第四節

修憲後政局兩大變數
中國巨變前夜

習近平推動修憲，備受國際矚目。中共十九大的結果表明背後有著不同尋常的妥協，高層博弈仍異常激烈。（AFP）

習近平在十九大及 2018 年兩會上進一步集權後，面臨的是日益加劇的中共亡黨危機與大陸各種社會危機，以及美國川普為首的清算共產主義的浪潮。中國巨變在即，習近平何去何從，為中國政治變局的方式與進程帶來變數。

機密報告曝光中共亡黨危機

中共十九大前夕，港媒披露了一份中共內部機密報告，報告中承認中共面臨崩潰危機，並將該報告列為七中全會和十九大的內部學習文件。

據報導，中共中央、中央軍委、中紀委，在 2017 年 9 月初完

成了一份工作總結報告，這份被列作機密類報告的文件，下達至省部軍一級黨委領導班子成員對照學習。

報導全文有 3 萬 2500 多字，分三大部分。其中，第一部分即指出中共黨政軍機關、部門組織和領導官員隊伍面臨崩潰危機。

這些危機表現在五個方面：

一，中共的政治思想、組織和隊伍建設暴露隱患，危機已到了臨界點。

二，中共黨政機關部門的權責、管治、工作等相當部分喪失，部分處於長期癱瘓狀況。

三，中共黨政軍機關、部門、單位出現塌方性、規模性、地區性和部門性腐化墮落狀況。

四，中共黨政機關、部門和黨政官員與社會各界處於緊張，甚至對立的局面。

五，中國社會貧富兩極化，加劇了社會矛盾激化、對立，直接影響、動搖政局穩定和發展。

報告中統計，在 31 個有編製的省級黨委中，不合格數達 23 個。在 29 個中共中央部級黨委中，18 個不合格；66 個國務院部級黨委或黨組中，不合格數為 42 個。

至於層級稍低的各級中共黨委，不合格數更是怵目驚心。這就是目前中共黨組織面臨崩潰危機的真實寫照。

另據報導，2015 年 6 月中旬，中共政治局舉行了擴大生活會，在會上發放了一份關於中共黨建和對黨員幹部巡視、考察的調研報告。

報告羅列了中共「亡黨」的六大危機，並指局部政治、社會

危機已經處於爆發、蔓延、惡化狀態。

這些危機包括：中共黨建基本處於癱瘓狀態；黨組織腐敗、渙散；中共官員懶、散、墮、疲、庸狀況畢露，濫權、越權、以權謀私、權錢交易、權色交易情況氾濫，激化社會民怨、民憤；黨政幹部、公職人員道德敗壞、生活腐化墮落，激化社會仇官氣氛等。

這些危機涵蓋了政治、經濟、社會、信仰、前途等各個領域，顯示中共體制腐敗帶來的吏治腐敗已經無藥可醫。

報導並指，習近平在該次會議講話中罕見表示：「面對嚴峻事實，承認、接受黨蛻化變質走上亡黨毀國危機的事實。」

早在 2012 年底，中共內部的一份祕密報告稱，2012 年上半年，大陸基尼係數持續上升，達到 0.613，已經突破聯合國有關組織規定的危機臨界點，社會各種不穩定風險加劇，矛盾升溫、激化，隨時會爆發、突發規模性動亂

習近平、胡錦濤、王岐山多次提及「亡黨危機」

中共高層對「亡黨危機」的共識，已不是什麼祕密，尤其中共十八大前，薄熙來、周永康、江澤民、曾慶紅企圖政變，奪取習近平的權力曝光後，胡錦濤、習近平等多次公開強調、警告「亡黨」危機。

2012 年 5 月，薄熙來被抓不到兩個月，習近平在中共中央、國務院部委辦書記、部長政治學習班上稱：「裸官」、「三公」及中共高官特權「已形成三大特色和三大民怨、民怒、民憤」，是新時期「亡黨」的三大禍端。

同年 9 月 26 日、11 月 17 日，2013 年 3 月，習近平再次強調，腐敗問題越演越烈，最終必然會「亡黨」，「部分地區民怨到了沸點、民憤接近臨界點」。

2014 年 8 月 25 日，時任中紀委書記王岐山出席中共政協常委會議，並作了脫稿講話。他警告說，中共要防止自己垮台。

2015 年 9 月 9 日，王岐山會見參加「2015 中國共產黨與世界對話會」的 60 多位國外前政要和知名學者時，首次公開談及中共執政合法性的問題。中共黨媒分析稱，王岐山「提出執政合法性問題，蘊含著深刻的危機意識」。

中共中央政治局在 2015 年 6 月召開了一次擴大生活會議，討論政治、經濟、社會、前途等方面存在的重大危機。習近平在會上表示，中共已面臨蛻化變質走上亡黨毀國危機，要勇於面對、接受、承認這個事實。

胡錦濤也多次警告「亡黨」。中共十八大召開首日，即將離任的胡錦濤在開幕式上警告，反腐敗形勢依然嚴峻，腐敗問題處理不好就會「亡黨」；這是繼當年 7 月 23 日，胡稱中共目前所面臨的風險「前所未有」後的再次警告。

共產主義的邪惡本質與終極目的被曝光

2004 年 11 月 18 日，《大紀元》發表了《九評共產黨》系列社論。《九評》從歷史事實的角度，全面徹底剖析了中共的「假、惡、暴」及其反人類、反宇宙的邪惡本質，指出中共是目前中國社會一切苦難和罪惡的根源，徹底地打開了禁錮中國人幾十年的黨文化的思想枷鎖。

　　《九評》發表後，在中國大陸引發人們公開聲明退出中國共產黨、共青團、少先隊的「三退」大潮，截至 2018 年 3 月 23 日，退黨網站共收到三億人的公開聲明，以真名或化名的形式，退出曾經加入過的中國共產黨及其相關組織。

　　在《九評共產黨》發表 13 周年之際，2017 年 11 月 18 日《九評》編輯部再推出《共產主義的終極目的》一書。

　　《共產主義的終極目的》這本書，直接指出共產黨不是通常的政黨，共產主義不是一種學說、不是一種社會制度，它是一個邪靈，其目的是通過毀滅文化、敗壞道德來毀滅全人類。

　　「共產主義的本質是一個『邪靈』，它由『恨』及低層宇宙中的敗物所構成，它仇恨且想毀滅人類。它並不以殺死人的肉身為滿足，因為人肉身的死亡並非生命的真正死亡，元神（靈魂）還會輪迴轉生；但當一個人道德敗壞到無可救藥的地步，元神就會在無盡的痛苦中被徹底銷毀，那才是最可怕的、生命真正的死亡。『共產邪靈』就是要使全人類都跌入這樣萬劫不復的深淵中。」

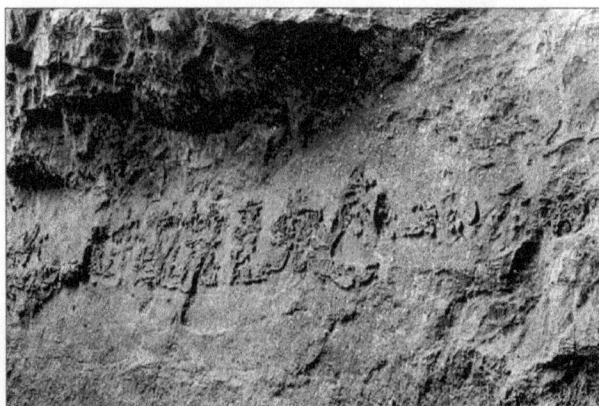

貴州省平塘縣掌布藏字石景區的「亡共石」，有 2.7 億年歷史的巨石內側天然顯露「中國共產黨亡」，昭示天滅中共。（資料圖片）

2002 年 6 月，貴州省平塘縣掌布鄉發現被視為世界地質奇觀的「藏字石」，「中國共產黨亡」六個橫排大字浮雕般突出於石面。據中國著名地質學家們實地考察，該「藏字石」上的字位於，距今 2.7 億年左右的二疊統棲霞組深灰色岩中，沒有人工雕鑿及其他人為加工痕跡。

貴州「藏字石」被認為是上天的示警：中國共產黨即將覆滅，中國人退出中共保平安。

當時中共中央政治局的幾個常委都去看過貴州的「藏字石」，對此都心知肚明。

2006 年 4 月底，掌布鄉風景區成了國家地質公園，景區門票上醒目地印著貴州「藏字石」圖案，之後，「藏字石」景區成為貴州重要旅遊勝地，但官方及導遊只宣傳介紹「藏字石」的前五個字。

貴州三任書記晉升國級高官 神祕預言正在應驗？

中共十九大上，習近平的大內總管栗戰書入常，排名第三。重慶市委書記陳敏爾進入政治局。十九大後，趙克志卸任河北省委書記，出任公安部長與國務委員。

值得關注的是，這三名躋身正國級、副國級的高官曾是連續三屆貴州省委書記。

貴州被認為是前國家主席胡錦濤的政治地盤。1985 年到 1988 年，胡錦濤曾任中共貴州省委書記。2014 年 4 月份，退休後的胡錦濤曾高調到訪貴州。

中共十八大前夕，貴州省委書記栗戰書調任中辦主任，成為

習近平的「大內總管」，被視為是習近平的左膀右臂，大力清洗中辦令計劃的勢力。

隨後，貴州省長趙克志接替栗戰書接任貴州省委書記。2015年7月31日，周永康馬仔周本順落馬後，趙克志被調往河北任省委書記，替習近平掌管京畿重地。趙克志履新後持續清洗河北官場江派勢力。

陳敏爾是習近平的浙江親信舊部，2012年2月由浙江常務副省長調任貴州副書記，隨後出任貴州省長，2015年7月31日，接替趙克志出任貴州省委書記。十九大前夕，政治局委員孫政才落馬，陳敏爾調任重慶市委書記，清洗孫政才、薄熙來遺毒，重慶官場震盪不已。

栗戰書、陳敏爾、趙克志三人都是習陣營中對陣江澤民集團的得力幹將，十九大上都晉升敏感、關鍵職位，在未來的習江博弈及政局發展中，無疑還將扮演重要角色。

2017年4月，習近平在貴州省以全票當選十九大代表。而上兩屆習近平是在上海選區當選代表。上海幫與江澤民家族被密集圍剿之際，習近平的十九大代表選區由上海變更為貴州，不僅釋放與江澤民上海幫作出切割信號，也再度展示習近平與胡錦濤的政治聯盟。

胡錦濤、習近平都多次到貴州考察，栗戰書、趙克志、陳敏爾先後主政貴州，當對「藏字石」真相了然於胸。

隨著十九大高層人事重洗牌，江澤民集團大勢已去。國際上，以美國總統川普政府為首的國際社會正在形成圍堵中共政權的態勢。國內，截至2018年4月，已有超過3億中國人退出中共黨、團、隊組織，彰顯國人對中共的唾棄。

所謂順天者昌，逆天者亡。天幾已顯，中共亡黨已成必然趨勢。敏感時刻，「亡黨石」發源地貴州省成為政壇高地，習近平、胡錦濤憑藉貴州省展示政治聯盟；貴州三任省委書記同步晉升。這種神祕關聯性對中國政局未來走向的暗示意味，引人深思。

習還未亮出底牌？修憲後政局兩大變數

中共十八大後，習近平屢屢打破中共黨內潛規則，尤其十九大上未設立接班人選，其尋求 2022 年之後連任的跡象已很明顯。十九大後，習緊急修憲，為連任鋪平道路，並不出人意外。值得關注的是，圍繞習近平修憲、準備連任，背後的高層博弈因素以及中國政局未來走向。

對於中共高層內鬥而言，早在十八大之前，重慶事件發生，江澤民集團針對習近平的政變陰謀曝光。十八大後，習近平、王岐山發動「打虎」運動，拿下數百名江派省部級乃至國級高官，其中包括江派接班人選；習確立「核心」地位。十九大後，習立即修憲謀求連任，折射其對時局的掌控，在習江鬥中取得壓倒性態勢。

但江派大老虎江澤民、曾慶紅等人仍未拿下，江派反撲、翻盤的企圖與行動從未停歇。十九大前後王岐山遭江派瘋狂圍攻即是一例。之前，江派反撲的重要手段之一是利用中共體制及潛規則阻擊習、王留任、連任，同時培植自己人馬作為接班人選。

習近平廢除體制障礙準備留任後，一方面，意味著江派利用中共接班機制阻擊習近平的手段破產，另一方面，江、曾等人將長期處於習的打虎威懾之下，在海內外壓力之下，隨時可能被拋

出。江、曾等人有可能採取更為極端的手段，包括政變、暗殺等，進行垂死反撲。如此，習近平修憲後，習江鬥很可能更趨激烈。

對於中國政局未來走向而言，從十九大後海內外輿論之激烈反彈，可以想像習近平將面臨的危機。一種輿論認為，習大權在握後，廢任期限制，並將「中國共產黨領導」寫入憲法，罔顧民意與歷史潮流，「開倒車」。

另一種輿論認為，修憲取消領導人的任期限制，是中國正處於改革巨變的前夜的標誌。這為習近平實現更大的政治和社會改革奠定了必要的法理基礎，只有當習有足夠的權力時，他才能去面對中國分化的，盤根錯節的政治觀念，複雜的利益集團進行改革。但持有這種觀點的人也承認，「習近平還沒有亮出底牌，現在所有這些解讀都只是猜測」。

《大紀元》2015 年 10 月刊發特稿指，中共已經窮途末路，崩潰在即，人們呼喚一個沒有中共的中國，誰結束了中共統治和民族苦難歷史，誰就將成為中華民族的功臣而名垂青史。

特稿稱，習近平以其現在的特殊位置，有著近水樓台的優勢，如能順天而行，順應天意民心，清算江澤民反人類罪行，結束中共罪惡統治，挽救民族危機，就有可能成為中國的第一位民選總統，並將名垂青史。中華民族在拋棄中共之後，也必將迎來真正的復興和中華盛世。

結語

中共政權可說是處於內外交困的極度危機狀態，在國內，經濟危機、社會危機、道德危機等全面告急；逾三億人已退出中共

黨團隊組織，宣告中共被中國民眾的徹底唾棄。在國際上，以美國川普政府為首西方社會正掀起清算共產主義政權的浪潮。

中共政權自成立後，對國人犯下的血腥罪行罄竹難書，尤其中共江澤民集團犯下的活摘法輪功學員器官等罪惡，人神共憤。

十八大以來，江澤民集團拚命將習近平當局與中共體制捆綁，成為它們攪局反撲的一個重要手段。十九大之後短短數月內，已接連出現教科書刪改文革章節、黨媒宣揚「消滅私有製」等極左現象，時局詭異莫名。

在此背景之下，習近平修憲後若不加緊與中共政權切割，不僅是不智，更是危險之極。

時至今日，天意、民心、國際浪潮，均預示清算江澤民、解體中共是歷史的必然，而這也正是解決中國各種危機的根本，獲得權力穩固的最大保障。

「得民心者得天下」，「順天者昌，逆天者亡」。大陸社會各種危機緊繃狀態不可能一直持續，中國巨變在即，或許轉瞬即至。習當局是否能抓住時機清算江澤民、促進中國政治轉型，將是習近平第二個任期內中國政局走向的最大看點。

中國大變動系列 **066**

四大部署 習王超越常委制

作者：司馬靖 / 季達。**執行編輯**：張淑華 / 韋拓 / 余麗珠。**美術編輯**：吳姿瑤。**出版**：新紀元周刊出版社有限公司。**地址** ： 香港荃灣白田壩街5-21號嘉力工業中心A座16樓03室。**電話**：886-2-2949-3258 (台灣) 852-2730-2380 (香港)。**傳真**：886-2-2949-3250 (台灣) / 852-2399-0060 (香港)。**Email**：newepochservice@gmail.com。**網址** ：shop.epochweekly.com。**香港發行**：田園書屋。**地址**：九龍旺角西洋菜街56號2樓。**電話**：852-2394-8863。**規格** ：21cm×14.8cm。**國際書號** ：ISBN978-988-77342-9-1。**定價** ：HK$128 / NT$400 / US$29.98。**出版日期**：2018年5月。

新紀元